Klézli Andrea

Mennyei érintés

avagy a Teremtő titkai

novum pocket

© 2021 novum publishing

ISBN 978-3-99010-943-4
Borítókép: Klézli Andrea
Borító, tördelés & nyomda:
novum publishing

www.novumpublishing.hu

Tartalomjegyzék

Hogyan kezdődött?

Egy rideg délután kezdődött, mikor a fák megfáradt sóhaja hallatszott, mintha csak ők is segítségért kiáltottak volna azon a napon. Talán a lelkem is ezt tette. Hosszú évek történései szólítottak meg és vártak válaszra. Kérdések sokasága bolyongott bennem szürke felhőként, mint egy sötét alagútban, melyben néha ugyan felderengett egy kis fény, de félelmeim rendre eltompították az igazság hangját, mely már oly hangos volt, mint a pusztában az oroszlán üvöltése.

Rideg volt az a délután, mert úgy éreztem, megérintett az elmúlás szele... És akkor történt valami, valami csoda, amely a mai napig bevilágítja és kitölti létemet.

– Ha megnyílik az ég, kincset szór rád, jönnek a kérdések, és a válaszok rá! Használd hát ez áldást, mit küldünk Néked, menj utadon békében és szeretetben! – szólt egy belső hang. – Írjál! – szólít még a mai napig is.

Ebben a könyvben szeretném a kedves olvasónak bemutatni azt a világot, melyben élek, melyből oly sok bölcsességet és útmutatást kaptam, és kapok a mai napig is.

Nem volt egyszerű megbarátkozni azzal, hogy nem az én gondolataim formálódnak szavakká, hanem valami magasztos, mennyei hang szólal meg bennem. Később megismerhettem ennek minden áldását és nehézségét, és meg kellett tanulnom együtt létezni vele.

Pszichológus vagyok. Már gyermekkoromban is foglalkoztatott a létezés kérdése. Az ismeretlen hívó szava mindig is a gondolatok és az érzések mélyére vitt. Választ persze nem találtam sosem, mert az abban a pillanatban érvényét vesztette, és ezzel bele is kerültem az örökkévalóság soha véget nem érő létezésébe.

Hogy honnan jönnek ezek a gondolatok? Ki az, ki lelkemig hatol és mondja a választ?

Az első ilyen élményem után nagyon megijedtem, hiszen tudom, ha valaki hangokat hall, akkor arra inkább gondol, hogy valami mentális probléma küszöbén áll, mintsem mennyei lényekkel kommunikál.

Még a mai napig is, ha ilyet hallok – függetlenül saját, megélt tapasztalataimtól –, mindig kétkedem, hiszen tudom, mit jelentenek a hitelt adó szavak, a bizonyosság és a felelősség, különösen, ha valaki a segítőszakmában dolgozik.

Sokszor feltettem a kérdést: – Ki az, ki így szól hozzám? Vagy az én lelkem, mi ennyire „fáj"?

És ismét választ kaptam! Éreztem egy megfoghatatlan erőt sugárzó, mennyei esszenciát, mely írásra késztetett.

Úgy ömlöttek a szavak a fejembe, mint egy nyári zápor esőcseppjei. A gondolatok tisztasága elmosta belőlem a kételyt, és a bizonyosság már egy gyémánt fényeként ragyogott bennem, és hitem szerint mindenkiben fog, ki ezeket a sorokat majd olvassa.

„A világ gyönyörű, el sem képzeled, mekkora a gazdagságod, mit belétek ültettem. Icipici hittel óriásra növesztheted, bármire képes vagy, ha a hited támogat téged! Márpedig így semmi sem lehetetlen; az én tiszta szeretetem lehel életet belétek! Az élet, mely egy megfogalmazott ajándék: hogy voltál, vagy és leszel, és hogy ebben az áldott pillanatban is létezel!"

Lassan ismerkedtem ezzel az új világgal. Mindent és mindenkit elkezdtem nyitottabban érezni, a maga érzelmi és gondolati valóságában. Nem volt könnyű, most sem az! Sokszor nem szavakkal kommunikálok, hanem az embereket rezgésükön keresztül érzékelem. Hogy mit értek pontosan ezen rezgések alatt, arról majd egy későbbi fejezetben írok. Egy viszont biztos: könnyebbé nem tette az életemet!

Persze azért vannak benne kedves pillanatok is, mikor – úgymond – „belelátok" emberek sorsába, még ha akaratomtól függetlenül is. Vagy mégsem...?

Ez a belső változás segítőfoglalkozásomban, de saját kapcsolataimban is megtanított tisztán érezni és látni. Sokszor mást mondanak a szavak, és mást a rezgéseik valósága. Számomra ez az egyik legnehezebben megélhető ajándéka ezen égi áldásnak!

Életem bármely területét nézve, a mai napig is problémát jelent e két különböző világ finom összehangolása, de már egyre jobban boldogulok a létezésem kettősségében.

Értem ez alatt egyrészről a tudományos alapokra helyezett tanulmányaimat (már amennyire a lélek kérdéseit racionális alapokra lehet helyezni), másrészről a nem mindennapi kapcsolatomat az égi világgal a saját létezésemben.

Ismerkedésem az égi világgal –
Kétségeim és bizonyosságaim

Na, de térjünk vissza arra a bizonyos délutánra, mikor ez az egész elkezdődött! A napok egyre csak teltek, s én tele voltam kétségekkel és kérdésekkel. A hó egyre jobban betakarta a didergő utcákat; s akkor is, mint mindig, csodával töltött el a természet szépsége. Ahogyan néztem a tájat – szinte egybeolvadva vele –, figyelmes lettem egy fenyőfa ágára, mely mintha vidáman integetett volna, nem érezvén a gallyakra nehezedő hó súlyát! Egy pillanatra elgondolkoztam: Milyen jó is lenne, ha én is ily' könnyedén tudnám viselni az életben a nehézségeket, és bármi is történjék, csak a magasztosat látnám meg mindenben! Sajnos, ez legtöbbször nem sikerül...

Az idő múlt, s én egyre többet kérdeztem, egyre többet írtam. A kérdésem állandó volt: – Ki az, ki ilyen angyali nyelven szól hozzám?

Ekkor a gondolataimra végre válasz érkezett!

– Szeretnélek látni titeket! – mondtam félig-meddig hangosan.

– Nem lényeges – jött azonnal a válasz.

– Tudom, de én szeretném! – türelmetlenkedtem.

– A belső bizonyosságod már megvan, a többi nem számít! – És csak jött-jött a válasz:

– Mennyei fénnyel ragyogunk bennetek, fogjuk kezetek, mikor a sötétben reszkettek! Rózsaszín burok, mely védi testetek, ezer színben pompázva járjuk át szellemed! Vakítóan világítunk, de nem bántjuk szemetek, mert csak a szív csendjében láthattok meg bennünket! Igen, igen! Angyalokkal beszélgetek és érzésekkel dolgozom. Amikor közvetítem az égiek áldásos üzenetét, az érzéseken, képeken vagy íráson keresztül történik. Csodálatos útmutatásokat adnak.

Az angyalok nem rajtunk kívülálló lények, hanem bennünk rezgő, s így mindenki számára elérhető tiszta energiák! Ahogyan ők mondták, a szívünkön keresztül kommunikálunk velük, a szeretet örvényében, amely mindenkit mindennel és mindenkivel összeköt. Az a fény, amelyből vagyunk, és akik vagyunk.

„Nézz körül, mit látsz? Látsz-e szeretetet, mely két karjával ölel át? Ölelj te is, mennyei virágom, szórd szét szirmaid ezen a világon! Egy virágból egy új hajtás éled, és nem is tudod mennyit tettél értem!"

A szereteten természetesen nem a mindent szó nélkül elfogadó, hangtalan létezést értik. Abból mindig csak keserűség és szomorúság terem. Legyünk valódi teremtők! Olyan teremtők, kiknek szíve lüktetése dimenziókon keresztül hatol, emelve ezzel önmagunk létezését, és azét is, kinek megérintjük életét.

„Mert az érintés lényeges! Megérintelek a lényegemen keresztül. Mi a lényegem? A Létezés maga. A VANságom! Az a szó, hogy Van! Hogy Vagyok! Itt és Most! Mert így felhatalmazom az Univerzumot arra, hogy kizárja azt, ami nincs! Mert ezen kívül semmi más nem létezik!"

Mire felfogtam ezen tanítások mélységes lényegét, már a tavasz kezdte bontani szirmait. Néha röpke pillanatokra átéltem a létezés határtalan örömét, de mellette a hétköznapok keserűségét is. Sorra olyan dolgok történtek velem, melyeken keresztül meg is élhettem az égi tanításokat.

Érdekes volt... Írtam és írtam, majd amiről írtam, nem sokkal később saját létezésemben is megjelentek megoldandó feladatként.

Sosem volt könnyű az életem, gyermekkorom sem volt felhőtlen. Ma már biztos vagyok benne, hogy ezek a tapasztalatok is kellettek ahhoz, hogy később tisztán halljam bensőm hangját. Ugyanakkor nehézségeim ellenére valami derű és boldogság kísérte végig életem.

Mindezek mellett persze akadtak csodák is bőven. Még hogy csodák nincsenek?! Mindig mosolygok e mondat hallatán.

Egyszer, egy gyönyörű napfényes délután, kint ültem a kertben és hallgattam a madarak szépséges hangját. A fákon a levelek a maguk teljességében a szellő lágy dallamára táncoltak. Ahogyan ott ültem, megéltem a létezés egységét, és egyszerre mindennek éreztem a szeretettel teli rezgését. Oly magasra repültem, hogy ismét hallani véltem az angyalok hívó szavát. Elővettem hát a füzetemet és vártam.

Különös alkalom volt ez, így hát kérdésekkel próbálkoztam. Nagyon kíváncsi lélek vagyok, és természetesen engem is érdekelnek a személyes létezésemet érintő dolgok. Sajnos választ ekkor nem kaptam, de ettől kezdve minden pillanatban figyeltem – lehet úgy is mondani, hogy egyszerre két világra. Picit talán szétszórt is lettem, hiszen nem volt és most sem könnyű a többdimenziós létezés, vagy mondjuk úgy, párbeszéd.

Lassan kezdtem megérteni, hogy mivé alakulhat ez a dolog mind a saját, mind azon kereső emberek életében, kik majd meghallják az égi világ üzenetét. Nagyon sok kudarc ért abban az időben, a földi létezés szinte minden területén, de mégis sokaktól és sokszor hallom, hogy milyen jó és könnyű nekem pszichológusként, mert az égiekkel való kapcsolatom miatt sokkal egyszerűbb, mint bárki másnak.

Értem én, mire gondolnak, de ez koránt sincs így. Sőt! Néha bizony – leginkább egy-egy nehezebb pillanatban – úgy érzem, hogy amit kaptam, az sokkal nagyobb felelősség vagy teher, mint áldás.

Akkoriban sokat gondolkoztam azon is, hogy az emberek miért nem olyan horderejű kérdéseket tesznek fel, amelyekre a válaszok alapjaikban változtathatják meg életüket, miért csak egy egyszerű igenre vagy nemre várnak.

Pszichológusként is pontosan tudom, hogy az emberek alapvetően nem akarnak változni, ezért tisztelet illeti az igaz útkeresőket. Mindenki a maga útját keresi a maga létezésében; ki így, ki úgy. Az emberi sorsok tele vannak keresztutakkal, amik mindig döntések elé állítanak: – Merre visz az út? Melyik a helyes út?

Én azt gondolom és hiszem, hogy a létezésben maga az út az, ami igazán számít! Meg kell élni azt a maga teljességében, jelen kell lenni minden lélegzetében, hiszen jó döntések igazából nincsenek, legalábbis addig, amíg nem tudjuk az életünket tudatos létezőként megélni. De ez esetben sem a döntéseink fognak számítani, hanem az ezekre adott reakcióink. Ez az, ami igazán számít!

Ezekre az elmélkedéseimre ismét egy angyali üzenetet kaptam:

„A végtelen fonalán száll a gondolat, mint bárka az élet vonalán... Menj, kövesd, hallgasd, mit mond; rossz útra sosem terel, még akkor sem, ha most nem így gondolod!

Néha eltévedsz, ezt érzed szívedben, melyik út a helyes, kétkedsz döntésedben. Elmondom, gyermekem, mennyei virágom: a Földön mindenki az én bárányom!

Eltévedni sosem hagyom, terelgetem nyájam, még ha rögös is az út, de meglátjátok házam! Házam ki van világítva, nem lehet nem látni, becsukott szemmel is haza tudsz találni!

Hallgass csak a szívedre, mely csendesen szól hozzád, de ha meghallod hangját, egy csodás dal hív hozzám!

Megleled utad, egy békés szimfóniát, s ezer áldás kísér, mikor megérkezel hozzám!"

Az ég küldöttei minden egyes útmutatásukban a szív szavát hallatják. Rezgésük magas, és valóban azt érezzük, hogy másképp nem is lehet: csak magasztos gondolatok járnak át bennünket, majdhogynem az égig repítve.

Hisz' honnan is jöhetnének e csodás üzenetek, melyek mint tiszta vízesés mossák át testünket, lelkünket és szellemünket?

Valójában bennünk kelnek életre, mi teremtjük meg őket a hitünkkel.

A hitünk pedig nem ismer határokat – persze csak akkor, ha az ego által teremtett korlátainkat elengedjük. Nem arra az elengedésre gondolok, amely már szinte közhellyé vált.

– Engedd el!

Ilyen egyszerű lenne?

Kit vagy mit kellene elengednem ahhoz, hogy továbblépjek?

Én azt gondolom, hogy elengedni senkit és semmit nem lehet. Érzésekkel viseltetünk, viszonyulunk minden és mindenki iránt. Ahhoz egy „picit" meg kellene halnunk és újjászületnünk, hogy az elengedés megtörténjen.

Lényegünk magját kellene újra virágba borítani, és akkor megtörténne a csoda; a csoda, amely az önmagunk tudatára való ébredést jelenti!

A munkámban és saját magam létezésében is naponta találkozom azzal a kérdéssel, furcsa jelenséggel, ahogyan az emberek a régmúlt dolgaikhoz és eszméikhez kötődnek, ragaszkodnak.

Pedig már nem ezekhez kellene tartozni, hanem lehetőségeink szerint meg kellene teremteni egy magasabb rezgésű érzelmi világot, a saját Univerzumunkat. Természetesen ez nem egyszerű feladat; egy életen, és még azon túl is tartó tanulást és növekedést jelent.

Az égiek magasztos és a lelkünk számára üdvös gondolatokkal segítenek bennünket, és ezáltal találkozhatunk a teremtő lényegünkkel, így segítve társainkat is, hiszen tudjuk, hogy mindenkivel egyek vagyunk, s valahol a lélek óceánjában összefutnak útjaink.

Ha én emelkedem, akkor a világom és a közös világunk is ezt teszi. Az égi kommunikáció ezt segíti elő. Az angyalok nyelve egy varázsnyelv! Életre kelti az életet, megtanít létezni a végtelenben, érezni az érzések tudatát, gondolataink teremtő hatalmát.

Gondolataim szavakba öntése alatt a táj ismét fehérbe öltözött. Szenteste írom e sorokat, melyekkel így köszöntöttem az Ünnepet:

„Legszívesebben elrepülnék messzire, ahol még a madár sem járt éltében... Lennék egyedül, önmagamba mélyednék, s így válnék egyszerre mindenkivé! Meg-

érinteném a szíveket, a bánatot onnan elvinném, s el-
mondanám: a remény örökké él! Szabad lenne lelkem,
szólna mindenkihez, s örömet vinnék oda is, ahol a szó
már nem mond eleget! Lennék napsugár, s csak mele-
get adnék, meggyógyítanám, ki beteg ma még! Angyal
lennék ismét, bár Isten tudja, jó lenne-e? Néha hazahúz
szívem, ha nehéz sorsom terhe! Hófehér szárnyammal
érinteném az embereket, amit álmaimban oly sokszor
meg is teszek. Langyos fuvallat, mely lágyan simogat-
ja arcod, füledbe súgva, hogy legyél nagyon boldog! Bol-
dog, mert erre a Földre születtél, hisz' érintheted azokat,
kiket a mennyben is szerettél! Hangot adhatsz az érzé-
seidnek, csak egy a lényeg: hogy igazat beszéljenek! Így
válik tisztává léted, értelmet adva a létezésnek. Ha így
teszel, áldott lesz lelked, hisz' egy vagy a mindenséggel!
Szívében dobogsz, s ő a tiédben, így fogjátok kezeteket
a végtelenben. S meghallod azt, amiért megszülettél...
menj, hogy önmagadról le ne késs! Ez a legszebb ajándék,
mit adhatsz a világnak: a hit, a remény és a szeretet bo-
ruljon benned virágba!"

Ezen a magasztos estén valahogyan én is csodára vá-
rok. Talán megpillantok a maga valójában egy angyalt...

Amikor angyalokkal dolgozom, az emberek feje vagy
teste körül színes, csillagszóróhoz hasonló fényvillaná-
sokat látok.

Legtöbbször ezek arany, vagy ezüst és kék színekben
pompáznak. Nagyon sokszor az égiek jelenlétét mennyei
illattal áthatott rózsakertként érzem. Biztosan volt már
ilyen tapasztalata a kedves olvasónak is.

Az est már későre jár, elfáradt ő is a maga módján. A
házakban béke és csend honol. Sokszor tanítanak arra

az égiek, hogy a szeretet soha nem hangos; mindig egy önmagát kinyilatkoztató és önmagába visszatérő eszszenciáról van szó, mely csendben teszi dolgát – persze, ha figyelnénk is rá. Ez lenne a karácsony igaz üzenete!

Elteltek az ünnepek. A hétköznapok egyszínűségét csodás, fehér, havas táj váltotta fel.

A kunyhóban

Visszatérő álmaimban egy hóval betakart erdő közepén álló fakunyhót látok. Belépek oda. A tűz csendesen ég, árasztja szeretetteli melegét. Az egész helyiséget valami megmagyarázhatatlan melegség járja át. A gyertyák fénye nyugalmat áraszt. Csak állok a szobában, szemeimmel körbenézek, moccanni sem merek.

Egyszer csak kintről lépteket hallok. Mint egy lágy fuvallat, oly könnyednek tűnnek. *Vajon ki lép ide be?* – kíváncsiságom türelmetlen. Nyílik az ajtó, s megpillantok egy korosodó, de nagyon szép arcú nőt. Aurája gyönyörű színekben játszik, érzem, hogy ez az egész nem evilági. Arcában saját vonásaimat vélem meglátni. Persze tudom, hogy ez csak álom, így itt minden lehetséges.

Nézem őt, miközben örömtelin üdvözöl. Tekintetéből bölcsesség árad. Kéri, foglaljak helyet és elmondja, hogy nála sokan megfordulnak. Közben kopottas ruháját nézem, mely mégis csodaszépnek tűnik. A sok-sok szeretetteli válasz, melyet ad a hozzá fordulóknak, egyszerre angyallá varázsolja őt – persze csak az én szemeimben.

Ekkor, mintha megérezte volna a fejemben kavargó gondolatokat, hirtelen válaszolt is rájuk:

– A szeretet és az odaadás mindent átformál, gyermekem! De nem az önfeláldozásról beszélek, mert az a lelket kalitkába zárja! Mert a lélek végtelen, és miért is kellene önmagunkat feláldozni? Az már nem rólunk szól, hanem az egónk görcsös erőlködéséről, hogy azt hisszük, ezáltal közelebb kerülünk valaki elismeréséhez. De az csak annak a valakinek az elvárása lesz, az pedig korlátot szab létezésünknek, és előbb vagy utóbb visszaköszön ránk – és természetesen arra is, ki elvárásokkal él felénk!

Határozott válaszából könnyedség áradt, de mintha ő is tapasztalta volna e mondatok súlyát!

Leült mellém, és a szemeimbe nézett. Tekintetéből a tengerek mélyére láttam...

– Ezek csak üres szavak, gyermekem! A megélés az, mi valódivá teszi e szavakat!

Néma csend szállt a szobára. Gondolkoztam rajta, hogy válaszolna-e nekem, ha kérdezném az élet misztériumáról.

– Gyermekem! Mit szeretnél tudni? – hangzott a kérdés, mellyel ismét megelőzött.

– Tapasztaltad-e önmagadat teljes valódban, itt és most, ebben a pillanatban?

– Ritkán – válaszoltam.

– Mert abban benne van a minden! Ez a legnagyobb misztérium! Az emberek sokszor – mondhatni egész életüket – önmagukon kívül élik le. Itt a LE nagyon fontos, mert a MEG (élés) helyett van! Valójában így lekésünk a legnagyobb földi tapasztalásról. Hiszen ha nem vagyunk tudatában önmagunk létezésének, teremteni sem tudunk, amiért valójában megszülettünk. Ez lenne maga a „nagybetűs" élet, illetve ennek áramlása. Ehhez sehová sem kell mennünk, elég csak önmagunkba feledkezni! Ott találjuk a valódi kincset. Nézd a gyertyának fényét! Milyen nyugodtan ég, mégis meleget tölt szívedbe!

Gondolkoztál már rajta, hogy te hány embernek világítottad be a létét akár csak egy mosollyal is?

– Nem – feleltem.

– Akkor mi az, mi gyöngyszemként ragyog rád a létből?

– Nem tudom – mondtam.

Éreztem, várja, hogy valóban válaszoljak a kérdéseire. Én közben csendesen néztem őt, és éreztem: ő is oly meleget áraszt, mint a gyertya lángja.

Leírhatatlan nyugalmat éreztem abban a szobában, mint még soha előtte. Mintha egy láthatatlan védelmező kar ölelt volna át. Ilyen érzésem akkor szokott lenni, mikor angyali üzeneteket csatornázok. Semmi kétségem, ő is egy közülük, és ha csak az álmaimban is, de érinthetem és érezhetem őt teljes valójában.

– A te teremtményed vagyok, gyermekem!

Szavai zavarba ejtettek, elkalandozott gondolataim hirtelen magukra találtak e szavak hallatán.

– Hogy érted? – kérdeztem rögtön.

– Benned élek, és mindenkiben! A vágyaid és a gondolataid testet öltése vagyok, mint minden más a világodban.

– Akkor hogyan kerültél az álmaimba? – kíváncsiskodtam tovább.

– Vagy esetleg te az enyémbe? Én is megálmodhatlak téged, mint lelkem egy részét. Végül is nincs jelentősége, hiszen minden Én és Te vagyunk. Épp csak azon múlik, hová tekintesz önmagadban.

– De én most álmodlak téged! – erősködtem.

– Ez pont oly valóságos, mint ébrenléted! Ki tudja, talán még valóságosabb...

A tűz egyre hangosabban pattogott meghitt helyén. Nem tudtam nem figyelni rá. Fényéből egyre határozottabban kibontakozott mondandójának lényege:

– Látod? Egyhelyben van, nem mozdul sehová, nincs célja, csak maga az út, míg hamuvá lesz. Céltalan az utazásban. Neked is így kellene tenned, gyermekem! Nem az eredmények hajszolása, hanem az út megélésének szépsége, a pillanatokban való megtestesülés a lényeges.

– Nekem ez nem megy – válaszoltam halkan.

– Nem baj. – Hangjából a végtelen elfogadás hallatszott.

– Te tudsz így élni? – kérdeztem.

– Igen, én már a határtalan létezést tapasztalom. Azt a létezést, amikor korlátok nélkül önmagam lehetek, viszont így mindenkivé is válok. Ez maga a létezés, a létezés „VANsága"! Megtapasztalása maga a csoda!

– Az emberek miért nem tudnak így élni? – kérdeztem értetlenül.

– Mert elválasztják magukat a valódi lényegüktől, de ez a földi tapasztalásuk része is egyben. Teremtenek, ahogyan ők is teremtődnek. Ezáltal kerülnek egyre mélyebben önmagukba, ami minden létező dolog forrása. Én is benned keltem életre, az érzéseid által, és megtestesültem a világodban. Ott, ahol a minden van, már találkoztunk. Ezért nem kell sietned sehová, csak maradj az „itt és most"-ban, a tér-nélküliség benned lévő valóságában. Akkor megtapasztalhatod a semmit, amiben minden benne van, és a fókuszodat oda helyezed, ahová akarod. Ha rám hallgatsz, a jó érzéseket figyeled meg, amelyek aztán világokat teremtenek benned, és rajtad kívül is. Ezért vagyok én is itt veled, még ha csak az álmoknak nevezett valóságodban is. Szinte a hangját is lehet hallani annak, ahogyan teremtődik a világod!

Ekkor visszaemlékeztem földi valóságomra, melyben a következő égi üzenetet kaptam. Csendben elmondtam neki, miről is szól:

„Lehullik egy esőcsepp onnan föntről, ahol mi lakunk, a te arcodról egy könnycsepp, melyet letörlünk. Elmondjuk majd néked a nagy titkot, s világokon át tanítunk. Ne gondolj nagy dolgokra, hisz' magadban már megtaláltad, de hogy értsd, hallgass minket bátran! Te vagy egy lélek, mely megteremtődött a szeretet által, mely egy magasztos gondolat volt egy fénnyel szőtt világban. Lett egy ige, mely létrehozott valamit, mely nem volt pozitív, sem negatív. Egyszerűen létezett a maga tisztaságában, lüktetett felhevült vágyában. Oly nagyra nőtt, hogy nem bírta tovább, darabokra hullott s megsokszorozta önmagát. De a mag megmaradt, melyből a sok kicsi létezést kap. Mennyei fénysugár, melyen keresztül járhatók e világok, ezeket nevezitek ti dimenzióknak, melyeken átjártok. Létezésük a te fényedtől függ, s önmagadba sugárzod, melyből teremtő erődet kifelé táplálod.

Apró gyöngyszemek, melyek gyémántként ragyognak, alkotnak körülötted egy színes sugarat. Ennek is te adsz létezést, a belőled sugárzott fény adja rezgését. Megtalálod mindenben, mely a világot alkotja, s mikor lélegzel, ezt szívod magadba. Mikor a kettő egyé válik, teremtődik a semmi, s értelmet te adsz neki! Hallgattad már a csendet? Nézted a semmit? A legnagyobb titok ebben rejlik!

Ott van a valami, mi teremtődik szüntelen, a talpad alatt, s mint tengernyi virág, bontakozik léted! Hány különböző virág rezeg tebenned? Csak rajtad múlik, melyikre fordítod figyelmed. Van köztük egyszerűbb, mely illatozik csendesen, s van olyan is, mit ha meglátsz, magasba repít rezgése. Tudod, egyszer meséltük fénnyel átszőtt létezésünk. A te életedben is minden azon múlik, mennyire mosod át érzelmedet a létezésen túlig. A létezésen túl is vannak elképzelt világok, de azt nem érintheted, mert oda nem jártok!"

Mikor elmondtam ezeket a gondolatokat, kértem, magyarázza el annak lényegét. Csend lett a kis kunyhóban. Csak a szél süvítése hallatszott be, de ez nem zavarta a meghittség érzését.

Kérte, hunyjam le szemem és figyeljem a légzésem. Odajött mellém, és éreztem a kezéből áradó meleget, ahogyan végigsimította vállamat. Hirtelen mélységes nyugalom járta át lényemet. Olyan könnyednek éreztem magam, mint egy tollpihe.

Szólni is alig tudtam, de kíváncsiságom ismét győzött.

– Hogyan csináltad ezt? – kérdeztem.

– Én semmit sem tettem azon kívül, hogy megsimogattam a válladat. Te kérted, hogy mutassam meg a lényegét annak, amit elmondtál!

– De hogyan függ össze ez a két dolog? – böktem ki, magyarázatra várva.

– Látszólag semmi összefüggés nincs közöttük, mégis az érintés az egyik legnagyobb, világokat teremtő erő. Megérintek valakit, és csak tőlem függ, lényem melyik mélységével teszem ezt.

– Ez mit jelent? – érdeklődtem tovább.

– Azt jelenti, hogy a másik embert is te teremted meg azzal önmagadon belül, hogy mit figyelsz meg belőle. Így lesznek a gondolataidból érzések. Mivel egyek vagyunk, a másik ember, vagy az, amit egyszerűen figyelsz, azzá teremtődik a világodban.

– De ehhez mi köze van a másiknak? Hiszen az én gondolataim és érzéseim csak hozzám tartoznak! – makacskodtam.

– Semmi köze nincs! Csupán megteremted magadnak a te saját világodat a másik emberen keresztül. Ezért mondtam, hogy világokat teremt az érintés. Mert azzal, hogy mit gondolsz és érzel a másikról, azzal az ő világa is teremtődik rajtad keresztül. E kettő kéz a kézben jár, örökkön-örökké, a most szent pillanatában. Más szóval, a semmiben. Csak rajtad múlik, hová tart figyelmed!

Kinéztem az ablakon. Gyönyörűen esett a hó. Hallottam, ahogyan befejezi még mondanivalóját, de az én gondolataim már messze jártak...

– Tényleg! Hisz' én csak álmodom! – eszméltem fel hirtelen. – Akkor bármi lehetséges! Abban a pillanatban az ablakhoz siettem, mert egy ismerős kutyaugatásra lettem figyelmes. Megpillantottam egy öregembert, ahogyan a kutya után sietett. Léptei, mint szívem dobbanásai hangzottak. Szemei fényesen ragyogtak, jósága lelkemig hatolt. Siettem az ajtóhoz, hogy üdvözöljem, és újra érintsem édesapámat. Az örömtől és a csodálkozástól szóhoz sem jutottam. Leírhatatlan érzés volt!

– Ne siess! – szólt újra. – Ő nem lát téged, ő a saját valóságában él, mely benned kelt életre a szereteted által. A szeretet életet ad, mindegy, hogy itt vagy odaát létezel.

Ekkor hirtelen eszembe jutott, mit nagymamám üzent nekem a szivárványországból:

„Miért sírsz? Testemben én ott nem vagyok, messzi távolból a mosolyom nem látod. Szívem szomorú érzéssel tekint még vissza a földi életre...

Nehéz az elválás, de mennem kell tovább, nagy a feladat, mi reám vár! Félbehagytam valamit, mely a születéssel megszakadt, de folytatnom kell, még ha a szívem marasztal is.

Itt leszek néktek, sosem feledvén a földi életem, mit veletek tölthettem én. Köszönök mindent, mi általatok nyert értelmet, a mennyei sugár sokáig éltessen titeket! Kérjetek, én itt leszek mindig, nagymamai karom, mely védelemmel borít. Mindegy, hogy itt vagyok, vagy odaát veletek, szívem repül hozzátok, ha nevemet ejtitek! Vigyázzatok egymásra, mert a család család marad, ne hagyjátok, hogy a hamis illúziók várakat bontsanak! Fogadjátok szellemi örökségem, mely bennetek él tovább...

Andikám, a mennyei angyalok mutassanak néktek csodát! Mama"

Szemeimbe könnyeket csalt e sorok emléke, s megérkeztem a szív csendjébe... majd ismét az álmaim valóságában találtam magam, a kunyhóban, szomorúan állva az ablak előtt... Elindultam a már megszokott helyemre, bár lépteim kicsit nehézkessé váltak.

Érezte rajtam az érzelmek súlyát, és így szólt:

– Gyermekem! Bár nem érted, de nem kellene szomorúnak lenned! Nem látod át az egész létezést, ezért korlátokhoz kötöd azt. Milyen érdekes, nem? Álmodsz, legalábbis azt hiszed, de mégis velem beszélgetsz.

Persze tudom, hogy az emberi létezés tudatából ezek nem felfogható valóságok. Ezek pont annyira valósak, mint te önmagadnak, hiszen minden benned létezik, de ezt már megbeszéltük.

Ekkor ezek az érzések fogalmazódtak meg bennem:

„Álmomban egy másik világban ébredtem, arany madártoll volt mellettem. Magam körül csak ragyogást láttam, mélyről jött ez az érzés nálam. Fénylett minden, olyan más volt az élet, bár tudtam jól, hogy ott is épp úgy élek. Aztán tovább néztem e tájat, majd hirtelen magamba szálltam. Múlt, jelen, jövő nem léteztek tovább, csak én voltam már, ki rezgésekből állt. Felébredt a tudatom, pedig csak egy porszem voltam, kinek az élete indult el onnan. Itt vagyok most, bár Isten tudja merre, néha utamat tévesztem a végtelenben. Tükörbe nézek, s látom azt a porszemet, ki mára már nagyra növekedett! Mégis oly gyenge, mikor elfelejti, honnan jött, mikor a létezése korlátokhoz kötött. Mikor úgy érzi magát, mint virágnak szirma, ki ha lehullik, nem lesz méltó álma, pedig nem csak az álomban van aranyból minden, pont ezért lettél porszemből, ember!

Lehet, hogy nem ragyog itt úgy a madárnak sem a tolla, de ha odaát vagy, mégis vágyol vissza.

Nem kell hozzá más, csak szíved szeretete, hogy valósággá váljon álmaid üzenete!

Menj utadon, mely túlmutat e létezésen, s így lesz ismét egy porszemből a minden."

Ezek a gondolatok ismét hálával töltöttek el az égi világ felé. Eszembe jutott földi létezésemben az angyalokkal való közös munkám.

Az angyali tanítások folytatódnak

Megkértem az égi angyalt, hogy meséljen magukról. Kérdésem pillanatában a szívem körül valami kellemes meleget, és bizsergést éreztem. Minden alkalommal ezt a magasztos érzést érzem, mikor őket hívom segítségül. – Tiszta, foganatlan energiák vagyunk, egyfajta bástyaként védünk titeket. Tanácsot adunk, de csak ha kéritek, és azt sem úgy, ahogyan a földi világban teszitek. Érzéseiteken és gondolataitokon keresztül kommunikálunk veletek. Mindenkivel a saját hite szerint. Kérdés, hogy ki az, aki meghall bennünket. Egy létezésből jövünk, csak más megnyilvánulásban létezünk.

– Miért nem hallunk meg titeket? – kérdeztem félve.

– Nem lehet nem meghallani, inkább csak nem figyeltek ránk!

– Igaz, lehet – hangzott válaszom. – Miért van az, hogy amit földi létükben szeretnének az emberek, sosem vagy nehezen érik el vagy kapják meg? – tettem fel újabb kérdésemet.

– Mire gondolsz?

– Például Ciprusra. Tudod, mennyire szeretem, hiszen belelátsz az érzéseimbe. Miért kellett hazajönnöm? – firtattam.

– A lelkednek mindegy, hol van. Ő az örömért létezik: mindegy, hol van a fizikai tested, mert ő a minden, határok nélkül. Nem érzékeli a teret, mert mindent betölt. Hozzáteszem, örömében. De értem kérdésed földi aspektusát... Mondjuk úgy, hogy a gondviselés hatalmas szeretete miatt kellett hazajönnöd.

Nézd csak az életed, mik történtek azóta! A történések mind lelked hívó szavára érkeztek életedbe. A gondviselés nem áll útjába vágyaidnak, hiszen te magad is leírtad már, hogy ő és te egyek vagytok. Akkor bízz magadban, hogy a lehető legjobb döntéseket hoztad az életedben, mert mást nem is lehetett volna!

Ezért is kár arra vesztegetni az időd, hogy mi lett volna, ha... Erről még később beszélünk!

– Én ezt nem így érzem! – makacskodtam. – Ha jól emlékszem, azt tanítjátok, hogy mindenki hallgasson a szívére, kövesse vágyait, vagy valami ilyesmi...

– Magatok sem tudjátok egyébként, hogy mi a jó nektek. Mondom, a végtelen szeretet vezérel utatokon. Sajnálom, gyermekem, hogy így érzel Ciprus miatt. Elárulom, hogy fogsz még utazni Ciprus szigetére. Egyébként honnan tudod, hogy milyen lenne ott az életed, ha egyszer nem valósult meg a földi valóságodban?

– Elképzelem. Ennél már csak jobb lehet! – győzködtem magam is.

– Ezt választottad, bár lehetett volna jobb is. Ezt mára már te is megértetted. A belső világodat te teremted, bárhol is legyél, nem a helytől fog függeni, hanem kizárólag tőled. Egyébként Ciprus tényleg mesés sziget! – tette hozzá kedves mosollyal az arcán. – A létezésbe pedig azért születtél bele, hogy megtapasztald a kettősséget. Csodálatos lehetőség!

– Hogyan lehet így élni? – kérdeztem lemondóan.

– Próbáld meg, és célt vesztett leszel! Mennyivel könynyebb... Tündérek kísérnek majd e könnyedségben. Hiszel a tündérmesékben?

– Miért? Kellene? – hökkentem meg.

– Az én létezésemben is hiszel, különben nem lennék az álmaidban. Egyébként sok tündérrel találkoztál már – mondta kicsit talányosan.

– Én nem is tudom... Tényleg? – bizonytalankodtam.

– Forró nyári estén, pár csepp eső végtelen nyugalommal áraszt el téged... Ismerős érzések, ugye?

– Igen! – vágtam rá.

– Akkor ez a bizonyosság! Csak befelé figyelj, és minden kérdésre tudod a választ! Ezt mondtam az előbb is, hogy az érzéseiteken keresztül kommunikálunk veletek. Ja, ja... és a tündérek is! – nevetett. – De most mesélj nekem arról, hogyan gondolkoznak az emberek felőlünk? Te hogyan látod?

Kérdése meglepett, pedig várható volt.

– Sokan keresnek meg angyali útmutatásért, bár inkább a konkrét jövőre kíváncsiak –

válaszoltam.

– Te erre mit szoktál mondani? – kérdezte mosolyogva.

– Legtöbbször elmondom, amit látok vagy érzek egy bizonyos dolog végkifejletével kapcsolatban. Ez, ami az embereket leginkább megnyugtatja, még akkor is, ha esetleg nem azt a választ kapják, amit hallani szerettek volna. Én elmondom mindig, hogy nem vagyok látó, hanem égi útmutatásokat közvetítek. A kettő nem egy és ugyanaz! Sajnos az emberek gyors megoldásokat és egyszerű válaszokat várnak, ezzel szemben az útmutatásokkal bizony dolgozniuk kell, pont úgy, mint egy pszichológusi beszélgetésemen vagy terápián. Sokszor el is szomorít, hogy milyen csodálatos tapasztalásokat adtok, és nem sokan érzik át ennek nagyszerűségét. Elmondom mindig, hogy sajnálom, hogy ezeket az érzéseket – amiket érzek, amin keresztül megnyilvánultok – csak én tapasztalom meg. Mert az emberek csak szavakat hallanak tőlem, minden, ami mögötte van, rejtve marad előlük! – mondtam kissé keserűen.

– Nem, nem marad, csak az emberek ritkán befogadóképesek, és ha azok is, az még ritkábban esik egybe azzal, mikor téged megkeresnek. Pedig mehetnének nyitottabb tudatállapotban is hozzád, csak nem figyelnek önmagukra eléggé. Pedig mi szüntelenül kommunikálunk veletek, ahogyan a lelketek is teszi az érzéseiteken keresztül.

– Mindig látok arany-ezüst, vagy színes, csillagszórószerű fényvillanásokat is, mikor „angyalozom". Elmondod, hogy az mi? – kérdeztem kíváncsian.

– Hunyd le a szemeid! – kérte. – Próbálj meg, most a lelki szemeiddel érzékelni engem, mint csupán rezgésekből álló lényt!

Nem volt nehéz dolgom, hiszen a földi létemben is vannak ilyen tapasztalásaim.

– Azt látom vagy érzem, hogy apró, színes, szemcseszerű valamik cikáznak benned, vagyis a testeden belül, vagyis test nélkül... elmosódik a határ talán... – próbáltam bizonytalanul visszaadni, amit érzékeltem.

– Így van! Rezgésekből valók vagyunk, mint minden, csak a forma szab határt, de ennek így kell lennie az anyagba sűrűsödött létben! Mindenki képes az érzékelésre így, mert ez az eredendő és valódi érzékelésetek, és ez teljesebb, mint a földi érzékszerveitekkel való érzékelés vagy kommunikáció. Csak nem használjátok, mert többségetek még csak tudatában sincs létezésének, ha pedig hallott is róla, csak legyint, és figyelmén kívül hagyja. De nem baj, egyszer mindenki eléri a teljességet. Jó úton vagytok!

– Azt is érzem, hogy végtelen nyugalmat árasztotok ki magatokból – mondtam.

– Igen, ez így van. Tudod, beszélgettünk már róla, hogy tiszta energiák, rezgések vagyunk a létezés dimenzióiból. Azért vagyunk, hogy rajtunk keresztül tapasztaljátok meg saját benső világotokat. Mi betöltjük a mindenséget, tehát minden bennünk van; a tiszta szeretetünk befogadó, és csak áradunk önmagunkból kifelé – majd folytatta: – Ennek akkora ereje van, hogy mindent átjár fényének melege! Ez az elfogadás, az ítélkezés nélküliség, a befogadó szeretet, ami mindent gyógyít. Gondolj csak bele, mekkora gyógyító ereje van! Próbáld ki egy napig, hogy kiüríted elméd, és csak külső szemlélőként veszel részt a világodban! Önmagadba mélyedsz, ahol nem lesz már tér és idő, múlt és jelen. Micsoda tapasztalás!

E szavak hallatán rezgésem oly magasba szárnyalt, hogy eggyé váltam a lélegzetemmel, mérhetetlen örömet és hálát érezvén a létezésért.

– Ez lenne az az állapot, amikor a csodák teremnek az emberek életében. Ilyenkor a rezgésednek egy magja – ami maga a létezés öröme – elindít egy olyan hullámot, ami az eredendőségén keresztül a legnagyobb teremtő erőt, magát a szeretetet kelti életre, amiből a minden van, és szinte szétrobban a vágytól, hogy megmutassa világokat rengető erejét és nagyságát. Ilyenkor történnek az emberek életében az úgynevezett csodák. Pedig nem azok igazából, csak ti látjátok annak a földi tapasztalataitok között. Ez lenne a valódi természete a létezéseteknek! Egyébként most valóban felrezegtünk. Figyeld csak meg e szavakat, majd hatásukat az életedre, hogy milyen csodák teremnek majd lábaid alatt! Kíváncsi leszek rá! – mondta szemeiben ragyogó csillogással, mintha már ott láttatná is velem e szavakból áradó hatalmas erőt, mint valami váratlan, csodának nevezett történést.

Elgondolkoztam, számomra mit is jelent a csoda. Milyen csodára várok én? Magamra? Hiszen én vagyok maga a csoda! Az, hogy vagyok, hogy létezem.

Olyan természetesnek tűnik ez… Esténként, mikor hallgatom a szívem dobbanásait, majd a végtelen csendet közöttük, ekkor érzem a hála érzését, mely megtölti az univerzumom.

E következő írásom is a hálából fakadt:

„Ettem a tudás fájáról s egyedülivé lettem, mert mindenben a magasztosat leltem! Hangom elhalkult, s kerestem önmagam, szerteágazó útjaimban a létezésem elakadt.

Tekintetem szétszórtam, s nem figyeltem befelé; nem láttam, hogy az Ég a Földdel összeér.

Érzések helyett szavakkal beszéltem, s nem emeltem létezésem a bennem lakó Istenhez.

Elhittem, hogy van bűn, pedig csak a kegyelem játéka volt, mert szelíd ábrándjaimban minden megbocsátható. Elhittem, hogy nincs este, csak nappal van, mert az ébredéssel a fájó lélek önmagára marad.

Hol vagy te, Megváltó, ki mindezt elvitted, hisz' az emberek még mindig téged keresnek.

Mond el nékik, hogy nincs bűn, hogy ami történt, az megtörtént, hogy minden ember egy szerethető gyémántszobor, kiben ott lakozol Te, ki csak arra vár, hogy lebontsák az illúziók falát!

S most nem szólni akarok hozzád, hanem érinteni Téged, ahogyan még senki sem tette előtte! De nem lágy szellőként, mi elillan a létben, s nem is kezeimmel, melyre majd nem is emlékszel.

Igaz önvalódat érintem lelkemmel, melyet talán el sosem felejtesz.

Ha így tesznek az emberek, megértik a lényegét, mit szavakkal kifejezni oly nehéz. Nem kell hozzá más, csak hunyd le szemed, s érezd a bennünk lakó Istent!

S megnyílik az ég a szíved hangjára, mert így érintenek a mennyországban. Meg is van a híd a világosság felé; ezt hirdette Jézus is a legendák szelén.

De nem kell ezért oly messzire menned, hiszen mindez tebenned van meg! Így lesz utad áldásokkal teli, ki mindezt még egy fűszálban is megleli."

Oly sokszor elgondolkoztam már írásaim mondanivalóján. Csodálatosak, úgymond másik világba visznek, egy magasabb dimenzióba, önmagamba, akárcsak az álmaim. Szeretem a létezést! Ennek ellenére mégis úgy érzem, hogy itt, a földi létben elérhetetlenek azok a magasságok, melyekről írok vagy tapasztalásaim vannak.

– Ezért vagy emberi! – hangzott ismét a bölcs válasz. – Milyen nagyszerű dolog is ez, egyszerre több világot tapasztalni! Ez vagy eredendően: több dimenzióban létező.

Elgondolkoztam. Olyan megfoghatatlan szomorúság járt át hirtelen. Önmagamra eszméltem. Kezeimre vetődött a tekintetem, ahogyan eddig még sosem. Felfedezni véltem benne halvány ráncokat, melyek az életemről beszéltek. Be nem teljesült szerelmekről, vágyakról, csalódásokról, kudarcokról, örömökről, boldogságról, és megannyi megélt érzésről...

– Szép, ugye? – kérdezte kedvesen.

– Így még sosem néztem rá – válaszoltam merengve.

– Pedig ha így tekintenél magadra és az életre, sokkal teljesebb lenne. És te is! Megláthatnád a ráncaid mögött lévő teljesebb képet, és nem éreznéd szükségét annak, hogy szomorú legyél. És tudod, miért nem? Mert a létezés eredendően jóságos. Egyáltalán nem áll szándékában, hogy rosszul érezd magad benne! A mélységek és magasságok benned jelennek meg, de ezáltal vagy élő, létező.

Egy fenyőfa ágai közül a napfény csodálatos fénnyel ragyogott be az ablakon, mégsem tudott felvidítani, annyira mélyről hallottam lelkem dallamát. Ekkor ezek a gondolatok szólítottak meg:

„Lásd meg a fényt, mely a szívekben gyúl, mikor a megbocsátás erény, még ha nem is annak tűnik! Nem az erő az, mely hatalmas e világban, hanem az a kis fény, mely világít aurádban. Ez az, mi az égig emel, s küldhetsz ezzel gyógyulást, bárki is kéri tőled.

Nézz fel a csillagokra, melyek ott ragyognak tebenned, s ha így teszel, önmagadban is Isten leszel! Ne arra várj, hogy mások emeljenek az égig, magányod sokszor ebben rejlik! Hiszen a csoda a mennyben születik, de azt se kint keresd, mert az is benned rejtezik! Ha figyelsz erre az érzésre, mely az örömből táplálkozik, átláthatsz mindenen, mely utadról elterel.

Egy létezés van, több nincsen. Nem beszélni kell róla, hanem megélni csendesen. A szó sok, helyét nem állja meg, s ne körbe figyelj, csak maradj némán egyhelyben!

Ne siess sehová! Az idő úgyis telik, bár mint illúzió, csak földi ruhád kopik.

Változik minden... Adj hozzá a teremtéshez! Hallod, milyen szépen cseng? Része vagy te is e nagy történetnek. Nézz szét! Miben mit látsz? Vagy csak nézed e csodát? Oly silányan él az ember a földi világban, pedig végtelen az élet a bölcsesség oltalmában. Oldozz fel hát mindent e szent pillanatban, de ne azzal a szeretettel, mit az emberek oly gyakran félreértelmeznek! Nincs karma, mit az emberek oly hőn vágynak, lélek nincs itt, ki ezen átlátna. Egy dolgod van: létezz örömben, ez oldja fel egyedül béklyóidat itten! A többi nem lényeg!

Ily' egyszerű az élet... Tudom, nehéz megérteni, mert a »rosszat« könnyebb elfogadni. Tudd, így vagy teljes és tökéletes, a világ rezgése az égig emeljen téged!"

– Bizony, ez is nagyon szép írás! – csengett melengetően a hang.

– Köszönöm, de szerintem veletek vagy belőletek írtam – mondtam.

– Így van, hisz' egymásban létezünk, ahogyan ezt már megbeszéltük – emlékeztetett.

– Folytatjuk a beszélgetést rólatok? – érdeklődtem reménykedve.

– Igen, kérdezz bármit, amit szeretnél! – biztatott.

– Éltél már te is emberként? Érted, hogyan gondolom? – kérdeztem kíváncsian.

– Igen, éltem, hiszen a bármi tapasztalásában ez is benne van. Nagyon is emberi voltam, mert máshogy egy angyali lény sem lehet hiteles, vagy épp humoros! Nagyon szerettem az életben létezni. Egyszerűen magasztos érzés! Lenni csak úgy, hálával telt szívvel...

– Akkor neked biztosan boldog életed volt – jegyeztem meg.

– Egyáltalán nem csak boldog! Tele volt kudarccal, bá-
nattal, csalódással, emberi gyarlósággal, és néha persze
boldogsággal és áldott pillanatokkal is, mint mindenki-
nek az élete. De nem csodálatos a létezés? A VANság?

– A te szemszögedből nézve biztosan! – jegyeztem
meg mosolyogva.

Nagyon jól éreztem magam a kunyhóban; úgy érez-
tem, sosem akarok ebből felébredni. Pedig tudtam jól,
hogy még sok a feladatom, ami reám vár. A földi kötelé-
keim ébresztgettek álmomból...

– Szeretnél felébredni? – kérdezte.

– Nem is tudom... itt minden olyan egyszerű és köny-
nyed – feleltem.

– A létezésedben is az, csak te nehezíted – mondta
biztatón, majd így folytatta:

– Drága gyermekem, mennyeknek virága, nyisd ki
a szívedet erre a világra! Ne légy kicsinyes és kishitű,
több teremtett néked, mint egy kő! Kőben is van élet,
csak kívülről nem látszik, tedd láthatóvá életedben, ami
bent izzik! Szívednek sugara járjon át mindent, ez adja
meg néked az életet itten! Ne foglalkozz másokkal, csak
áraszd fényed, benned rejlik minden kincsem! Segíts
másokat is ehhez a csodához, a Jóisten áldjon munkád-
hoz! Az angyalok üzenete itt van a szívedben. Mit látsz,
mit érzel, drága gyermekem? Nehéz az élet, ha úgy aka-
rod látni, megváltozik minden, ha másképpen állsz ki.
Ne légy gyenge, hisz' te vagy a mindenség, állj ki az iga-
zadért, ha erre kér a lét! Ha nyomasztják problémák lel-
ked üdvét, ez mérgezi tested, és ez nem az egység! Légy
bátor és szerény, kérj és megadatik, mert ez az élet, mit
teremtettem én!

Lassan ébredezni kezdtem mennyei álmomból, miközben a hajnal fénye simogatta arcomat. Két világ között lebegtem, és könnyednek éreztem magam, mint egy tollpihe. Hirtelen egyszerűvé vált minden és tudtam, hogy amit keresek és keresnek az emberek, csak önmagukban találják. Minden más kérdés lényegtelen. Ki vagyok én? Ez a kérdés és a válasz is egyben. Ebben a minden van benne. Nem akartam még felébredni, ezért vágyaim szárnyán repültem vissza a kis kunyhóba. Azért elgondolkodtam rajta egy pillanatig, hogy mennyi mindent szeretnék még teremteni az életemben, és időmet inkább töltöm az álmaim világában, mintsem a hétköznapokban. Akkor eszembe jutott, amit pár évvel ezelőtt jegyeztem le, s így szól:

„Könyvünk a szeretetről fog szólni, csodás alkotás lesz, ha a szíveket eléri. Ezért születtél erre a világra, a többi mellékes, csak jelmez az élők sorában. Versekben kapod az üzenetem mindig, angyalok hangján szólok, s így jobban érint. Az életnek benne van a tiszta üzenete, add tovább társaidnak, mert itt az ideje! Fordulj hozzám, s szívvel-hittel segítem munkád, hisz' te és én vagyunk a minden! Segítsd társaid, mert szükségük van rá, szeretlek, gyermekem, az áldásom rád!"

Ezek a csodálatos szavak adtak ismét hitet ahhoz, hogy dolgom akadjon még bőven az álomban élt valóságomban is. Hová is sietek annyira? Hiszen nagyszerű dolognak tartom, hogy egyszerre két világban is teremthetek, és tudatosan létezem. Egyébként is, most épp a könyvemet írom, minden általam felfogott valóságomban.

Találkozásom EYAILEH, LAILEH és EYLLIEH atlantiszi fénylényekkel

Itt vagyok ismét, és az angyali lénnyel létezem még egy ideig tovább...

– Ülj le mellém! – szólt kedvesen. – Ma vendégeink lesznek.

Ahogyan ezt kimondta, máris gyönyörű fényesség ragyogta be a szobát. Izgatottság és egy csodálatos érzés kerített hatalmába, mintha mesében lettem volna.

Az egyre erősödő fényből hirtelen egy alak kezdett el kibontakozni. Aranyszínű fényben ragyogott, átlátszó volt, majd egyre emberibbé vált, de mindeközben megőrizte csodálatos ragyogását.

Csak ámultam! Micsoda megfoghatatlan ez az érzés, mégis a szívem legteljesebb érzésével érzem jelenlétét!

– Érzed-e így szíved jelenlétét magadban és az életedben, mint ahogyan most engem érzel? – kérdezte.

Nem – válaszoltam neki félve.

– Pedig ez adja meg az életet Égen és Földön. A jelenlét, mint ahogyan most megjelentem itt neked. A szíved vágya keltett életre és adott testet nekem. Enélkül most nem lennék itt veled, mint semmi és senki más az életedben!

Micsoda erő van benne: a szív jelenlétében vagy jelenlét a szívedben!

A szív és a vágyak angyala vagyok, arany fényben létezem, ha valaki életre kelt létében. Rezgésem lágy, mégis világokat mozgat meg, ha a szívetekre hallgattok. EYA-ILEH a nevem. Nevem rezgése a szív dallamára táncol. Kérjetek, és rezgésem emeli a tiétek! Fogd meg kezem, merülj el érzéseimben. Járjon át fényem melege, így váljék most valóra minden, amire vágysz. Ez a rezgések hatalma, mely benned él és a szíveddel beszél!

Néma csend szállt a helyiségre. Magasztos érzés volt. Az áhítattól megszólalni sem tudtam, bár most minden szó kevésnek bizonyult volna. A gyertya az asztalon a maga tökéletességében égett.

Egyszerre egésszé vált a létezés. Nem hiányzott belőle senki és semmi, mert éreztem, hogy minden és mindenki bennem él a szeretet által. Egyszerűen ez volt maga a megtestesült PILLANAT, a szerelem érzése. A VANság, a létezés teljessége!

Majd egy pillanatra elfogott a kétség a földi létemre gondolva, és már el is illant a hitem.

– Teremts magadban egy új világot, még akkor is, ha nem abban a valóságban létezel, amiről álmodsz! – tanácsolta.

Elgondolkoztam egy pillanatra, és átéltem földi létem korlátait.

– Nem élheted az életed ennyire merev elvárásokban! A könnyedség az, mely életet teremt bele – mondta.

Akkor hirtelen egy langyos fuvallat simogatta meg a hátamat. Beterítette testem ez az érzés: ő a teremtés angyala! Lágy fuvallat, mégis életet lehel a vágyakba...

Rezgése változó, bármerre változik, hová a vágyak angyala hívja. Színe a rózsaszín és a fehér. LAILEH a neve. Nem öltött formát, de ettől függetlenül jelenléte beterítette az egész szobát.

Hallottam gondolatait, melyek hozzám szóltak halkan:
– Nyisd ki a szíved, hívd EYAILEH-t, és én megtöltöm élettel vágyaid!
Ekkor egy érzés öntötte el szívemet. Egy vágy, mely oly régóta bennem él.

„Szeretlek téged, mióta a lelkem öntudatára ébredt, mióta az első csillag fent ragyog az égen! Belenéztem a messzeségbe, s kértem a tündöklő égboltot, mondja el nekem, mit már oly régóta tudok.

Ekkor egy angyali hang megszólított engem; jól ismerem őt, hiszen egy vagyok vele! Megkérdezte tőlem, hogy emlékszem-e arra, mikor ott álltam egy csodaszép kertben, valaki kezét fogva?

Lehunytam szemeim s láttam két lelket, kik egyek voltak, mielőtt kettévált a minden. Arany ruhájuk fénnyel volt átszőve, s benne a szeretet rezgése. Kaptak hozzá egy különös kiváltságot: azt, hogy sohasem kell elválniuk.

Tanultak ők együtt sokat, a szivárványhídon túl, az igaz önvalójukban. Földi létükben játszottak sok szerepet, de valahol tudták, ez túlmutat a mindenen.

Felismerni jöttek a teremtés áramlását, mint létezésük lényegét, s mikor szétválasztották őket, fogalmuk sem volt az életről még.

Mekkora a feladat, mi reájuk vár, hogy megtalálják egymást életeken át!

Útra is keltek minden időben, s az érzés sosem szűnt meg létezni a szívükben. Így olvad egybe a két lélek, s egy magasabb szinten sejtjeik is egyesülnek.

– Folytatnám a történetet – halkan szólt az angyal –, de itt már a szavak kevésnek bizonyulnak. Lehet, talán meg sem értenéd, hisz' vannak olyan dolgok, mit nem fog fel az elméd. Jobban teszed, ha a tapasztalás útjára lépsz, félned nem kell, hisz' tudod, Őt sohasem veszítheted el!

S itt a történetem véget is ért, mert a te szívedbe helyeztem mesém lényegét. Csoda ez a létben, hidd el, gyermekem! – így szólt az angyal, s eltűnt a végtelenben..."

Éreztem, mialatt ezen szép gondolatok kavarogtak a szívemben, a teremtés lágy fuvallata körbeölelte létemet és vágyamat, megtöltve élettel.

Milyen csodálatos a létezés! Pedig mindig vannak olyan vágyak, amelyek kielégületlenek maradnak és szomorúsággal töltenek el.

– Akkor azok nem a tisztánlátásból fakadó vágyak – hallatszott az angyali hang.

– Mit jelent a tisztánlátás? – kérdeztem.

– Azt jelenti, hogy átlátsz minden dolog lényegén. Tudatosan éled meg önmagad, ragyogóvá válsz, mint a gyémánt, sugárzod fényed, áttetszővé leszel éltedben. Betöltöd a léted ég és föld között, s egyszer csak a teljesség reád köszönt. Most hunyd le a szemed, lélegezz mélyeket és figyelj a szíved vágyára. Miről beszél neked? – hangzott a kérdés.

– Azt mondja, ne siessek sehová. Azt mondja: „Adj időt, kérlek!" – feleltem.

– Átérzed azt az örömet és boldogságot, amellyel a szíved dobog benned? Megéli a jelent, hiszen nem tudhatja előre, mennyi még az a dobbanás, mellyel a létedet teremti – mondta csendesen.

Mélyen elgondolkoztam és csak hallgattam. Nem tudtam felfogni e szavak mélységét. Azt sem tudtam felfogni, hogy angyali lényekkel beszélgetek.

Ekkor ismét egy váratlan vendég jelenlétét éreztem. Színe, mint a szivárvány; csak úgy rezgett benne az öszszes létező szín – és olyan is, melyet földi létemben még sosem láttam.

– Én a szépség angyala vagyok, EYLLIEH a nevem. Ahonnan most látogatunk téged, ott minden angyaltársunk neve ugyanazokból a betűkből áll. Nagyon magas a rezgésünk, mindannyian a kristálytudatból valók vagyunk. Ez az atlantiszi időkhöz nyúlik vissza, melynek egyik élő tudata a téged csodálattal eltöltő Santorini-szigetcsoport alatt létező kristályhegy – világosított fel.

Teljesen megdöbbentem, mikor ezt mondta.

– De ez akkor látható is? – kérdeztem.

– Földiek számára nem. Egyébként ott van a maga valójában – válaszolta.

– Hogyan vagy hol van bejárásotok oda? – érdeklődtem tovább.

– Mi mindig benne vagyunk, a mi tudatunk az, amiben létezést kap. Mi csak áradunk és befogadunk, ezáltal teremtjük és tartjuk össze a kristályokat. Erre a tudatod nem befogadó, ezen létezés rezgése messze esik a tiétekhez, az anyaghoz képest. Van egy földön kívüli, magasan fejlett civilizáció, mely bejáratos hozzánk. Ők a gondolataikkal és érzelmeikkel teremtenek oly magasan, amely túlmutat az anyagi világon, amely persze csak számotokra érdekes és hihetetlen.

Ugyanakkor nem lehetséges a bejárás bármikor. Akkor jönnek, ha valami létezésüket érintő kérdésre keresik a megoldást, amely az ő civilizációjukkal kapcsolatos. Mivel nincs tér és idő, egy olyan fényörvényen keresztül jönnek, melynek rezgése semlegesíti a mi kristálytudatunkat, így a korlátokat jelentő anyag átnemesül, érzékelhetetlenné válik, és máris a kristálytudaton belül léteznek. Több civilizációnak sikerült már ebbe a tudatállapotba kerülnie – mondta.

– Mit jelent az, hogy semlegesíti? – kíváncsiskodtam.

– Számotokra is lehetséges, bár még csak néhány pillanatra és egy öntudatlan állapotban – válaszolta.

– Mesélj még nekem a kristályhegyről! – kérleltem.

– A kristálytudatban van a legmagasabb rezgés a dimenziók közül. De mivel a dimenziók is belőletek teremtődnek az érzelmi rezgések által, így a kristálytudat a szeretetben tapasztalja meg önmagát, mert abból való a teremtés. Rezgése a fénysebesség tizenkétszerese, ami azt jelenti, hogy gyakorlatilag láthatatlanná válik mozgása közben, ezért marad számotokra felfoghatatlan a jelenlétük. A kristálytudatban természetesen gondolati és érzelmi úton kommunikálunk, a csillagok, a bolygók, a naprendszerek és a galaxisok törvényszerűségei szerint dolgozunk. A ti bolygótok népével nem vagyunk kapcsolatban. Egyszerűen a Föld vonzáspontja megfelelő ahhoz, hogy tudatunknak teret adjon. Van három kristálytudat csillagrendszer, amit ti három csillagnak látnátok. A tudati kapcsolat folyamatos és állandó a három csillag között; ez egy dimenziókapu, ahol az általatok földönkívülieknek nevezett lények átjárnak. Mi, kristálytudat-angyalok tartjuk össze ezt a rendszert a tudatunk erejének a segítségével – magyarázta.

Szavai számomra egyszerűen felfoghatatlanok voltak.

Így folytatta:

– Az érzelmi tested intenzitása – ami attól függ, hogy mennyire vagy befogadó tudatállapotban – az, ami megengedi a nem fizika részed megnyilvánulását, azt, hogy elengedd a földi megtestesüléseddel kapcsolatos korlá-

taidat. Ezáltal teret engedsz egy kiteljesedettebb tuda-
tállapotnak. Minél kiteljesedettebb vagy, annál többet
fogsz fel a körülötted létező valóságból, ami persze ben-
ned létezik, és növekedésre késztet, mert ez az eredendő
természeted. Ezért is teljességgel lehetetlen földi társa-
itokat vagy magatokat korlátok közé tenni, mert olyan
nincs! Nem létezik már egy magasabb szinten, mivel még
egy porszem is a teljességre, a kiteljesedésre született,
viszont korlátai létezésére egy bizonyos szintig szüksé-
ge van. Amikor azt a bizonyos érzést tapasztalod, olyan-
kor érzed a nem fizikai részed figyelmét a fizikaira. Ha a
nem fizikai részed megszűnik figyelni, akkor megszűnsz
emberként létezni. A tudatosságod marad, de már osz-
tatlanul figyelsz önnön valóságod teljességére. Amikor
a figyelmünk találkozik – még ha nem is vagy tudatá-
ban, mert teszed a dolgod –, az olyan világokat mozgat
meg benned, ahová nincs még átjárásod. Ezek a dimen-
ziókapuk, ilyenkor érzed azt a kellemes érzést. Ne feledd,
a kapuk benned nyílnak egy teljesebb világra!

Mivel ez a növekedés minden létező eredendő célja,
segítségére lehetsz a veled kapcsolatba kerülő emberek-
nek dimenziókapuik nyitásában. Erre mindenki képes
természeténél fogva, nincs kivétel. Nálad ez nem vélet-
len van így. Valahogyan úgy mondjátok, hogy erre szü-
letni kell! Röviden tehát, azért érzékelik mások is ezt az
állapotot a közeledben, mert az egyre táguló tudatossá-
goddal befogadóvá válsz az ő létezésükre is! Ezért van az,
hogy érzed mások érzelmi spirálját, a benne lévő összes,
valaha létező érzelmi és gondolati lenyomatával, és itt
érzékeled a fizikai eseményeknek a legvalószínűbb ki-
menetelét is. Mivel ezt nem csak érzed, hanem látod is,
végigkövetheted kiteljesedésüket. Formálni rajtuk nem

könnyű! Látod azokat az érzelmi fénytesteket, amelyek elindultak, hogy beteljesítsék önmagukat; örömmel teszik, bármi is indul útra belőled. A megtestesülés nem csak számodra örömteli és magasztos, hanem egyetlen gondolatodnak is az. Útjára küldöd, ő pedig örömmel valósítja meg önmagát, mert nem ismeri a jó és a rossz fogalmát – azt csak ti minősítitek annak. Nem vagy olyan tudatos még, hogy ezt irányítani tudd, viszont többet fogsz érzékelni a létezés egyes megnyilvánulásaiból. Fogadd természetesen, hozzád tartozik, és mindenkihez!

Ez még csak a kezdet, sok mindenről fogunk még beszélgetni, de csak módjával. Mindent a maga idejében, sem előbb, sem később.

Az éj mélységes csendje járta át a szobát és lelkemet egyaránt. Természetesen megérintettek e gondolatok, de hirtelen felfogni sem tudtam őket. Elfáradtam. Úgy éreztem magam, mint aki átlépett az időtlenség kapuján…

– Melyik világ a valódibb? – tettem fel újabb kérdésemet.

– Mindkettő az. Jobb, ha ezt a gondolatot befogadod, mert csak így tudsz teljesedni, növekedni! – szólt EYLLIEH.

Aztán mintha megérezte volna fáradságom, végül ezt mondta:

– De most mint a szépség angyala vagyok itt jelen veled, létezésem, mint minden másé, csak tőled függ! Ahol meglátsz, ott és abban vagyok. Hívj csak bátran teljes szívedből, és felemelem az életörömet a létedben.

Valóban, láthatóan még a bőröm is másképpen csillogott. Csodálattal tekintettem rá, mert valójában megláttam a bennem rejlő szépséget. Felemelő és magasztos

45

érzés volt! Talán létezésemben először éreztem magam iránt feltétel nélküli szeretetet.

A szívem megtelt hálával. Abban a pillanatban egy halk suttogást hallottam fülemben; mint a legszebb hangszer dallama, annyira gyönyörűen csengett. EYAILEH – ezt a nevet suttogta, közben a szívemet elöntötte a szeretet érzése és oly magasra repültem az érzéssel, hogy magam lettem a szeretet és a szerelem.

Pillanatokra visszagondoltam a földi létezésemben megélt szerelem érzésére. Hol is van az ettől a mindent befogadó, csodálatos érzéstől?

– Ne gondolj erre! – szólt EYAILEH. – A szív megéli önmaga szentségét. Mindenki, amikor a szerelem érzését éli, a maga teljességében van jelen az érzésben. Tudod, ezt már tanítottuk: az van, ami van, akkor és ott nem tudsz másképpen érezni! Ez így van jól, minden a tökéletességben változik. A szerelem az egyik legcsodálatosabb érzés!

– Én is így gondolom, ha valóban azt éljük meg... – mondtam kicsit elmélázva.

Abban a pillanatban úgy éreztem, hogy nem szeretnék a szerelemről beszélgetni. Nem tudom miért, de inkább a csalódás érzése volt bennem, mintsem az a magasztos érzés, amit szerelemnek nevezünk.

– Az egész lényed a szerelem. A sejtjeid összefonódása is az. A határok eltűnnek, minden a mindenséggel lüktet együtt. A tested is a szerelem. Nézz rá így! Szinte hallod is az örömmámoros hangját. Mit gondolsz, mi az, amitől a tested a tested? A lelked is szerelemmel szereti. Ez az egység: a Yin és a Yang, az éjjel és a nappal. Nincs más dolgod, csak az áradás, az öröm áradása! Érezd, ahogyan a testedből sugárzik és megtölti fénnyel az aurád!

Ez az égi szerelem, melyet ti az emberi létben össze-
kevertek az elvárásokkal teli létezéssel. És ezzel máris
kint léteztek az eredendő EGY szívéből, az egységből.
Így megszűnik a szerelem létezése, pedig csak az van.

Ha nem a létező minden felé érzitek a szerelmet, ak-
kor az tévútra visz benneteket világotokban, és csak
szomorúsághoz, csalódottsághoz vezet. A Földön persze
nem könnyű ezt megélni. Azt hiszitek, a másik létezőbe
vagytok szerelmesek, pedig ő csak megmozgatta lényé-
vel a rezgéseteket.

Azzal, hogy ragaszkodtok a szerelmetek emberéhez,
elkezdődnek az elvárások, azaz ráhúztok egy olyan té-
ves eszmét, ami nemhogy kiteljesíti, de egyenesen dara-
bokra töri az érzést, és benneteket is. Aztán ezen a pon-
ton elkövettek mindent, hogy a kapcsolat megmaradjon
a maga teljességében... Lehetetlen, mert az nem az egy-
ség! Hogyan is lehetne, ha nem önnön lényeteket élitek
meg benne? Nincs az a földi varázs, amely egyben tudná
tartani az ilyen kapcsolatot, mivel az eredet maga a sze-
relem, s a lélek csak ebben tud teljes lenni.

Így végül elkezdi kényelmetlenül érezni magát, és ek-
kor az egótok átveszi az irányítást. No, itt vesztetek el
a szerelem és a párkapcsolat sűrűjében! Nincs az a földi
halandó, aki meg tudna menteni benneteket. Hiábavaló
minden próbálkozás! – magyarázta hosszasan.

Örömmel hallom! – gondoltam magamban. – Ez len-
ne akkor a szerelem? De akkor ezt egyáltalán meg tud-
ja élni valaki a földi létezésében? – tettem föl magam-
ban e kérdéseket.

Ekkor szemében fénylő csillogással fordult felém EYA-
ILEH:

– Van egy szerelem a lélek örökkévalóságában, bár kevesen élik meg a létezés körforgásában. Én megéltem, és élem azóta is, de már más minőségben. Elmesélem, és akkor talán megérted – mondta.

– Nagyon szeretném hallani! – kérleltem őt.

Mindehhez angyali vendégeink is hozzátették szeretetrezgésüket: a szív, a vágyak, a teremtés és a szépség angyalai itt rezegtek körülöttünk és bennünk. Elmondhatatlan érzés volt!

– Tudod, hogy ez miért is kiváltság most nekünk? – kérdezte.

– Nem tudom – válaszoltam bizonytalanul.

– Azért, mert most teremtjük a múltat, azaz átírjuk a múlt valóságát. Itt most olyan magasra emelhetjük rezgésünket, hogy ez a pillanat megváltoztatja a múltat, hiszen nincs tér és idő, és mi egy lélek vagyunk az egységben. Így ez a magas rezgés képes arra, hogy sorsot formáljon a vágyaink szerint. Kiváltság ez most neked! – mondta határozottan. – Ha jól érzékellek téged, részed van ebben a tapasztalásban, ugye? – kérdezte.

Szívem mélyéig hatolt a kérdése; torkom összeszorult, könnyeimmel küszködtem. Mélyen magamba szálltam, s kerestem az időtlenséget, mely válaszolhat neki helyettem.

– Nem tudom! – csuklott el hangom szomorúan.

– Elmeséled nekem? – Most ő kért meg engem. Ekkor lehunytam szemeim és emlékeztem...

Van egy lélek, ki szívemben él – ez után a gondolat után percekig nem tudtam megszólalni sem. Hirtelen, mint egy gyorsított kép, végigfutott bennem sok-sok elmúlt létezés. Különös érzés volt, elillant egy pillanat alatt, de ez elég volt, hogy átjárja testem, lelkem és elmém. Hirtelen nagyon álmos lettem, alig tudtam szemeim nyitva tartani, és olyan érzés volt, mintha egy fénynyel átszőtt spirálban lebegtem volna.

Ekkor minden kétséget kizárva, tisztán éreztem e tapasztalat valódiságát! Éreztem a lélek örök szerelmét, ki időről időre más-más testet ölt, hogy aztán újra eggyé válhasson, feloldódjon egymásban, egy soha véget nem érő folytonosságban.

Ebben a megtapasztalásban először a szemében láttam meg egy olyan ismerős pillantást, mely sejtjeimig hatolt abban a percben, mikor tekintetünk találkozott. Soha nem láttam őt előtte. Akkor és ott megismerte egymást az időtlenség a testbe zárt lélekkel... Kényelmetlen érzés volt, nyugtalanná tett, csak az járt a fejemben, ki lehet ez az ember?

Aztán egy idő után feladtam az emlékezésbe vetett hitemet. Gondolataim azért vissza-visszatértek hozzá, de sejteni véltem, hogy ez az érzés túlmutat a fizikai létezésemen és egy megfoghatatlan valósághoz vezet, melyet elmémmel megtalálni nem tudok.

Az érzés halványodni kezdett, inkább – így visszagondolva – egy létező bizonyosságként rezgett lelkemben tovább.

– Ezért is találtál rá ismét – szólt közbe.

Igen! – gondoltam. – Ezt ma már biztosan mondhatom, bár az út idáig tele volt kétséggel és kérdéssel, ugyanakkor egy mindenen túlmutató, megfoghatatlan, mégis határozott érzéssel, hogy én ismerem ezt az embert régről, nagyon régről...

Nem volt idegen a gondolat tőlem, hiszen nyitott voltam a létezés más dimenzióira is, bár ez az érzés ennek ellenére mély nyomot hagyott bennem.

– Gondolhatod, mekkora erővel hatott akkor és ott a lelkedre ez a felismerés! – szólt. – Világokat mozgatott meg benned és körülötted.

Szavai mélyen érintettek, de annál is mélyebbre kell tekintenem önmagamban, hogy az idő végtelen óceánjában – ha csak pillanatokra is – részemmé tegyem a lélek valódi természetét, a halhatatlanságot.

– Komoly dolgok ezek a földi létezésetekben! Újra találkozni azzal, kivel már sok-sok életet megéltél... Mint egy tündérmese valósága – mondta kedvesen.

Ezek az emlékek és érzések imígyen formálódtak gondolatokká bennem:

„Megszólított lelked, s én meghallottam hangját, átrezgett a létemen, s megérkeztem hozzád!

Emlékeztem rá, hogy valaha szerettelek téged, ezért is ölellek át, oly szorosan téged.

Szemeidbe nézek, s látom, mit mások nem, talán te sem hiszel sokszor még nekem.

Nehéz az út, min most járnunk kell, de az sem volt könnyű, mikor megtervezted. Ott voltam akkor is, s fogtam kezed, még ha az életünkben most te vagy az erősebb.

Nincs másom a Földön, mit adhatnék neked, csak a tiszta szeretetem, testem-lelkem, mi jól ismer téged, hunyd le szemeid, s érezd, igazat beszélek!

Elmondják a csillagok is, kérdezd őket bátran, hisz' itt vannak velünk az örökkévalóságban.

Nem tudom, mi lesz e történet vége, mégis olyan, mint egy tündérmese. Súgtam már sokszor, hogy álmodd meg helyettem, s hagyd a lelked elmerülni az enyémben!"

– Akkor miért van az, hogy nem emlékszünk minden „szereplőre" az életeinkből; a gyermekeinkre, szüleinkre, szeretteinkre? Azokra, akik ebben az életben is közel állnak hozzánk? – merült fel bennem a kérdés.

– Mert feledésbe merül. Nem az a létezésetek lénye- ge, hogy emlékezzetek. A lelketek megteszi helyettetek is. Bízz benne, tudja a dolgát! – jött a válasz. Ekkor újabb érzéshullámok törték át múltam emlékképeit:

„Leülnék és elmondanám, bár lehet, te nem hiszed, ezért nem szeretnélek emlékeimmel megzavarni téged!

Volt egy lány, ki valahol még bennem él, kinek lelke a végtelenbe ér. Szeretett egy férfit, kit felismerni vélt, s hirtelen előjött egy elmúlt létezés.

Tündöklő csillagok fényében ölelte e férfi szorosan testéhez, s csókjával hintette selymes bőrét; így volt ez mindennap, s minden éjen át.

Lágyan ringott csípője a Holdnak udvarában, füröd- tek szerelmük oltalmában. Olyan erős volt ez az érzés szí- vükben, hogy valahogyan megmaradt a lány emlékeiben.

Szép volt a történet, tartott életeken át, s még mindig megvan az aranyfonál. Hiszed vagy sem, vannak olyan érzések, melyek embert örökké kísérnek!

Olyan ez, mikor valaki úgy ölel át, hogy érzed elmúlt léteid örömét és bánatát. Vajon igaz-e a történet, melyet oly sokan mesélnek? A te hitedre bízva nyer értelmet. Ál- modd meg magadnak a történet végét, csak közben ne feledd, hogy szívedből élj!"

– Látod, ezek azok a bizonyos „már találkoztunk, már jártam itt" benyomás-alapú érzéseitek, de ezeket nem tud- játok a tudatosságotokig felemelni, és nem is véletlenül van így! Ismerkedj az érzéssel, de ne időzz benne sokáig!

Abban az esetben, ha két olyan lélek találkozik, akik már töltöttek együtt életeket, és a tudatosságuk is kellő fejlettségi szinten van ahhoz, hogy felismerjék és megértsék, mi miért történik – mint a te esetedben is –, annak sokkal nagyobb szerepe van a létezésben, mint gondolnád!

Nem csak egyszerűen arról van szó, hogy egy rég látott baráttal találkozol, hanem arról, hogy ez a két lélek egy eredendőből származik. Csakis ekkor érzékelheted tisztán az életedben betöltött szerepét, egyébként feledésbe merül a léte. A találkozás elkerülhetetlen, mert a lelketekbe kódolódott már a leszületés előtt. A lelkek érzékenysége a felismerésre ugyan különböző intenzitású, de ennek ellenére egy számukra sem érzékelhető, magasabb tudati szinten elindulnak az eredetük felé, ami az egységük. Ez a lélekszerelem.

A vonzás már itt megállíthatatlanul elindult. Veled is pontosan ez történik – mondta nyomatékosan.

– Nem is tudom, hogyan mondhatnám el azokat a mély érzéseket, amiket érzek! – tört fel belőlem.

– Sokszor, csodálatosan megfogalmaztad már – mondta kedvesen.

Hangja újabb érzéseket csalt elő bensőmből, melyek így fogalmazhatók meg:

„Álmodtam egy álmot, te is benne voltál, ráismertem lelkedre az időtlenség útján.

Bennem nincsenek kérdések már, hasztalan is lenne ennyi emlék után... Tudtam azt, hogy ez nem a valóság, bár Isten tudja csak a választ reá.

Kerestem a tollam, hogy leírhassam neked, de ez helyett szívembe véstem bele.

Ott álltál előttem, ki most is te vagy, egy ismerős érintéssel, mely bensődből fakad. Hirtelen nem tudtam, honnan ismerlek téged – talán egy vándor vagy, kivel találkoztam régen?

Zavarba jöttem, néztelek némán, s próbáltam emlékezni rád. Félve néztem szemedbe, s megláttam egy tükröt, benne sok-sok élet tündökölt.

Ekkor rájöttem, ez mind nem lényeges, mert nem ez köti össze az embereket! Egy pillantás volt, mikor e két lélek találkozott, s ebben a jelen vagy múlt semmivé vált.

Mert a szeretetet nem időben mérik, bár van úgy, hogy két ember életeken át kötődik. Valami különös érzés ez, a létezés csodája, a lélek örökkévalósága!

Sokan azt hiszik, ilyen csak az álomban van, de hidd el nekem, az álom is benned van! Csak hunyd le szemed, érezd tisztán, s egyszer téged is megszólít így egy lélek talán!"

– Túl van minden észszerűségen! Egyszerűen egy véget nem érő, végtelen érzés ez! – szakadt fel belőlem.

– Mert az is. A lélek emlékezete az örökkévalóságra egy másik lelken keresztül. Nincs intimebb összefonódás ennél!

A földi létben ezek ez érzések találkoznak a mélységben és a magasságban, a kétségben és a bizonyosságban, nőben és a férfiban. Az újraegyesülés elkezdődik... Útjuk a kölcsönös fejlődésben teljesedik ki.

Egyébként ez lehetne a földi valóságban a mindenséget átölelő szerelem is, de mivel a mindenség végtelen, a korlátok eltűnnek, és abban a pillanatban feloldódsz az érzésben, mert az egód eltűnik, és úgy érzed, megszűnsz létezni.

A másik lelken keresztül valójában önmagaddal válsz eggyé. Ő a legnagyobb tanítód az életben, hiszen szeme csillogásában magadat látod!

Emlékszel, mikor azt mondtad, hogy a szemébe nézve éreztél valami különlegeset? Hát persze! Hiszen a legnagyobb szerelem valójában az isteni énünk iránt érzett szerelem, amit magunkban nem találunk.

Amikor felismerted őt, valójában a saját korlátlanságodat érezted meg egy pillanatra, ezért volt az az ismerős érzés benned. Ugyanis az ember emlékszik az eredetére, csak önmagában lehetetlen megtalálnia. Így, ha kegyes a sors hozzá, küld az életébe valakit, akin keresztül ráismer önnön halhatatlanságára.

Ezért mondhatom azt, hogy lehetetlen egy ilyen kapcsolatot elengedni, már csak azért is, mert önmagadat nem tudod elengedni. Ami van, az van, elengedni nem lehet, mert a létezésed örökkévaló! Ugyanakkor az már egy másik kérdés, hogy ezt a „nagybetűs" kapcsolatot hogyan éled meg a földi létezésedben.

Mint ahogyan már mondtam, az ego határt szab a korlátlanságnak, mert elveszíti benne biztonságérzetét és félni kezd – mondta.

Miközben beszélt hozzám, szavai elmosódtak, és egyre távolabbról hallottam a hangját. Egyszerre megszűnt a világ körülöttem, csak én és a szerelmem léteztünk.

Ő bennem lüktetett, éreztem érzését, szíve dobbanása az enyém is volt. Érinteni szerettem volna testét, ölelni szorosan, majd eggyé válni vele, és lelkével, mint akkor, mindennek a kezdetén!

– A pillanat most is a tiéd, hiszen minden az örökkévalóságban történik – jelentette ki.

– Különös érzés! Semmi máshoz nem hasonlítható, mert valóban érzem a minden szent pillanatában az újjászületés lehetőségét.... és... és félem az elmúlást! – mondtam kissé szorongva.

– Nincs elmúlás! Ha ezt megérted, már nem lesz benned félelem, és megéled ezt a szerelmet a maga teljességében, a másik teljes lényének befogadásával. Majd eljön ennek is az ideje. Testet, lelket megrendítő energiával jár önmagaddal találkozni rajta keresztül. Már most, ahogyan e sorokat írod, megfoghatatlan érzések rezegnek benned és körülötted! – mondta mélyen belém látva.

– Igen! Megmagyarázhatatlan mély szeretetet és kötődést érzek iránta! – tártam ki lelkem.

– Ebben a lélekszerelemben a szellemi szeretet épp olyan, mint ami Istennel köt össze benneteket – jelentette ki.

– Mégis, valahogyan a két világ megtapasztalása olyan más. A Földön a hétköznapok tele vannak kérdésekkel, a spirituális világ viszont maga a bizonyosság! – mondtam ki érzéseimet.

– Ez így is van, de mivel az egész létezés spirituális, ezért csak ez hordozza magában az igaz válaszokat kérdéseidre! Meg kell tanulnotok, hogy létezik egy másik világ a fizikai érzékeléseiteken túl, ez pedig a rezgések valósága! Ebben van benne az a bizonyosság, melyet – elmerülve a hétköznapokban – nagyon nehezen találtok meg. Ne adj neki kevesebb hitelességet, mint a kézzelfogható dolgoknak, abban elvész az élet!

Ha csak így nézted volna a többdimenziós lélekkapcsolatodat, akkor már rég nem lenne a tapasztalásodban. Mert van benne valami, ami megfoghatatlan. Ez pedig a létezésetek, egy soha véget nem érő vágy a kiteljesedésetek felé. Ezért ha próbálod elnyomni, az fájdalmas tapasztalás, mert ezzel önmagad tagadod meg. Semmi sem hangosabb a lélek hangjánál. Előbb-utóbb érzékelhetővé is válik benned, mert az isteni éned az, amely mindenekfelett áll, amely egy lélekkapcsolatban ébred öntudatára, még ha számotokra ez nem is válik tudatossá.

De nem baj, nem is kell, hiszen te magad vagy mindennek a forrása! Csak érezd, hogy a forrás, mely életet ad közben, útja során találkozik önmagával, és ettől az élménytől – azaz, hogy meglátja arcát tündökölni a másik életet adó vizében – egyre erőteljesebb lesz benne a vágy, hogy mindig érezze és lássa önmagát, hiszen eddig pont ezt kereste. Ki vagyok én? Milyen, mélységből feltörő erő, aki mégsem tudja, honnan jön és merre tart?

S ekkor, a másik vizében megfürödve – ha érez magában annyi bátorságot, hogy elmerüljön annak mélységeiben – hirtelen egyre tisztábban érzékelhető önmaga számára! Elkezdi szeretni és elfogadni létezését olyannak, amilyen. Egyre fényesebben ragyog a kristálytiszta vízben, átmosva fényével a másik forrását. Ez az érzés emeli a mélységekbe és a magasságokba a létezést – magyarázta.

Kérdések és kimondatlan válaszok kavarogtak lelkemben. Útjukat nem találták, szinte feszítették testem, majd könnyeimmel együtt eltűntek a végtelenben...

– Ne légy szomorú! – mondta, s közben lágyan végigsimította hajam. Keze érintése lágy és megnyugtató volt. Hát persze, hiszen ő egy angyal!

– Természetes, hogy nehéznek érzed magad. Megannyi érzés és elfeledett emlék, mint gyöngyfüzér ölel körbe téged. Sokszor egy-egy gyöngy kiszakad a szívedből, s egy érzéssel a mélyből reád tör. Ne félj tőle, hiszen tudod már, ez mit jelent a létezésben! Az örökké, a most pillanatában. Egy érintés, mely életeken át benned él.

Persze hogy érzed, s emlékeidben felbereng, és sokszor e fájdalmas érzéstől lelkedben a kétségbeesés úrrá lesz. Ha hagyod, hogy átjárja lényed minden sejtjét, egyszer csak azt veszed észre, hogy a szeretet és a lélekkötődés átlényegíti az érzéseidet, s a szeretet egyre erősebben fog vibrálni benned. Olyan fénnyel, mely életre kel mindkettőtökben. Különös és felejthetetlen utazás! Láss túl az illúzióidon! Az igazság mindenek felett áll. Minden út oda vezet: a kétségből az egységbe – mondta.

Miközben hallgattam bölcs gondolatait, szívemben lágyan felrezgett a szeretet érzése...

– Bárcsak most is megölelhetném őt! – sóhajtottam föl.

– Öleld hát! Ha karjaiddal most nem is tudod, tedd meg a lelkeddel! Hidd el, érezni fogja! Mindig érzi, mint ahogyan te is, mert a vibrációs kapcsolatotok erős. Mikor az összekapcsolódás érzését éled, akkor éppen öszszetalálkozol vele egy rezgés hullámhosszán. Ehhez nem kell a testi közelség, nem ez adja a tapasztalás lényegét. Persze egymás közelsége, ha megadatik, az áldás az életben, túl van a szavak határain, s túl az észszerűségen. Ez a fátyol túloldala. Ne félj fellebbenteni a fátylat, mert ott a létezés csodája vár rád! – biztatott.

– Mesélsz nekem a gyöngyökről? – kérleltem őt.

– Talán ha megtalálok egyet, és fel tudom fűzni, öszsze tudom rakni a létezésben a megértést... Persze, persze, tudok! – nyugtatott meg rögtön szavaival.

Még ki sem mondta ezeket, mikor hirtelen egy rég letűnt kor forgatagában találtuk magunkat. Valahol Andalúziában... igen, ott! Embereket láttam magunk körül, mintha egy vásár közepén lettünk volna. Nagy volt a hangzavar, de nem értettem meg senki beszédét. Furcsa érzések és benyomások rezegtek át rajtam; mondhatnám úgy, hogy én lettem az időtlen mindenség a néma csendben, mégis a hangzavar közepette.

– Most csak figyelj! – kérte.

Egyszer csak felfigyeltem egy magas, hosszú barna hajú nőre. Egyszerű ruhája kopottas volt, karján kosár. Nem élhetett jómódban, ezt éreztem, mégis boldognak tűnt.

– Ez te vagy! – mondta jelentőségteljesen.

Nagyon izgatott lettem, de abban a pillanatban ismét a kunyhóban voltunk.

– Nem értem! Mi történt? – kérdeztem zavarodottan.

– Semmi különös. Mint tudod, nincs tér és idő, és mondjuk úgy, hogy a most örökkévalóságában fókuszodat felismerted valaki másban is, akinek az élete itt rezeg még benned – magyarázta nyugodtan.

Azt sem tudtam, ki vagyok... furcsa érzés volt. Tényleg szerencse, hogy az ember nem emlékszik önmaga megtestesüléseire!

– Tényleg csak egy pillanat volt az érzés, pont, mint egy álomban – idéztem fel magamban.

– Ezért örökkévalóság, mert a mindenek tudatában megmarad. Te pedig a mindent-tudást hordozod magadban, mint mindenki más – mondta.

Próbáltam a szavaira figyelni, de közben éreztem, hogy ismét belekerültem valami különös érzés örvényébe, mely egyre csak húzott magába.

Egy férfi kezeinek érintését éreztem magamon, mely erőtlen volt, s az elmúlást éreztem rajta. Nem volt idős, olyan középkorú lehetett. Nem láttam az arcát sem, nem tudom, ki volt ő nekem, de a lelke és kezének érintése oly ismerős volt. Az elengedése pedig végtelenül fájdalmas...

Olyan álomszerűnek és valótlannak tűnt ez az egész! Biztos, hogy erről mindent szeretnék tudni? Valóban szükség van a létezésben az emlékezésre?

Megannyi kérdés várt válaszra bennem.

– Ez az a tapasztalás, mikor azt mondjátok, hogy sejtjeitekig hatol az érzés. Ez bizony így is van, mert a szeretet nem ismeri a határokat! Ez Isten ajándéka: a létezés valóságában valóságosan szeretni, mezítelenül, védtelenül és kiszolgáltatottan, de boldogan.

Így már érted, mi történik benned, mikor a gyöngyszemek elszakadnak? Egy emlék érzelmi rezgése a mindenek tudatában fókuszodba kerül. Mivel a gondolat sebességével járja át jelen létednek auráját, érzékelhetővé válik benned és körülötted. Hagyd átrezegni magadon, úgysem tudsz mást tenni! Úgy is mondhatjuk, hogy ez egy mennyei érintés... – mondta.

Akkor és ott megfogadtam, hogy nem szeretnék többet tudni az ún. előző életeimről. Ugyanakkor leírhatatlan érzés volt belenézni egy pillanatra, hogy hogyan fókuszálom tudatom egy másik dimenzióban önmagamra, illetve honnan jött az a sorsformáló érzés, mely meghatározza jelen életem.

Végtelenül hálás vagyok érte, ugyanis megtanított rá – nem csak szavakkal, hanem az átérzésen keresztül is –, hogy nincs múlt élet, csak a most van! Minden most történik, ebben a pillanatban... és ebben a pillanatban is..., lehetőséget adva az újjászületésre, ezzel teremtve meg létezésünk mátrixát, melyben sorsunkat formáljuk. A szent pillanatban minden változik, de ez a pillanat az örökkévaló és a mozdulatlan is egyben.

– Ha az általatok múltnak nevezett életeteknek valami közölnivalója van veletek, hidd el, tudatni is fogja, pont úgy, mint a te esetedben! Különben pedig nem érdemes vele foglalkozni, mert nincs hasznotokra. Megragadni úgysem tudjátok a pillanatot, ezért a cselekvés, a teremtés csakis a most pozitív és tiszta örvényéből lehetséges, pontosan úgy, mint a szeretet és a létezés befogadása – hangzottak mély értelmű szavai, melyekből áradt a lágyság, az elfogadás és a szeretet.

Kicsit melankolikus hangulatba kerültem, és eddigi életem emlékképei jelent meg előttem. Azon tűnődtem, vajon választásaimat, döntéseimet mennyire bíztam a szívem hangjára? Éltem-e valaha is úgy „igazán", vagy csak a saját elvárásaim után rohantam állandóan?

– Mesélsz még nekem az igaz lélekkapcsolatról? Az elengedésről? – kérdeztem. – Oly sok minden van még, amit tudni szeretnék! – mondtam kicsit türelmetlenül.

– Minden kapcsolat igaz és szent, de értem kérdésed. A lélekszerelemről szeretnél tudni, és annak eredetéről. A gondolataidban minden benne van, hiszen a legfontosabb a kapcsolat az Istennel, belső bölcsességeddel, vagyis az önmagaddal való kapcsolat! Az Ég és a Föld, a Forrás, mind te vagy! Épp ezért elengedni kötődéseket úgy, ahogyan te kérdezed, nem lehet, mert a forrásod, az érzelmi örvényed egy állandó teremtő!

Minden pillanatban újrateremti önmagát, ezért létezel te is. A teremtésből a teremtő által, aki te vagy. Mivel minden – az érzelem is – energia, elengedni egy folyamatosan létezőt nem lehet, mert akkor azzal a te földi megtestesülésednek is vége lenne. Az elengedés akarása helyett az érzelmi tested rezgését emelheted egy magasabb rezgéshullámra a gondolataid és a nézőpontod megváltoztatásával, vagy egyszerűen a hálával a lélek csendjében, amiben minden szavad hallhatóvá válik.

Minden érzésed tapintható lesz, s az idő elmossa a határaitokat, megtanítva a türelemre és az elfogadásra, a valódi, feltétel nélküli szeretetre. Ez a legnehezebb tapasztalásotok az életben. Azért választottátok ezt, hogy megtanuljátok önmagatokat elfogadni a másik tükrében. Ez a legteljesebb érzés az életben. Hála töltse el szívedet még akkor is, mikor úgy érzed, nagyon nehezen éled meg! Ez a nehézség hozza majd meg a könnyedséget. A Teremtő alkot rajtatok keresztül. Önmagát látja meg egységében, s újraéli a szerelemet, amiből a minden született meg önmagáért, értetek, és a mindenségért...

Az időtlenségbe olvadó csendes ölelés... Igen, ez az a mindenen túlmutató érzés, mely teremti önmagát a végtelen létezésben! – fejezte be magyarázatát.

Ezek a gyönyörű, lélekemelő szavak és érzések olyan elementáris erővel hatottak rám, melyek valóban felemeltek a megélés tapasztalásáig, még ha csak pillanatokra is. Csak pillanatokra, mert bizony az életben ez nem ilyen egyszerű!

– Lásd meg a szépséget mindenben! – szólt újra. – Emeld fel rezgésed, és emelj mindenkit önmagadhoz! Nem kell nagy dolgokra gondolnod, hiszen az élet szépsége pont a láthatatlan csodákban rejlik. Ez pedig az, aki te magad vagy.

Mások sosem fogják ezt meglátni benned, csak ha láthatóvá teszed önmagad. Azt pedig csak úgy tudod megtenni, ha a másik létezőt is a fényében látod! Egymást tükrözitek vissza, így emelve életeteket egy magasabb érzelmi, majd tudatszintre. A magasan fejlett létezésben ez így történik – folytatta.

– Nézd ezt a kristályt itt, a gyertya mellett! Mozdulatlan, mégis a mindentudás kel életre benne. Akár még kommunikálni is tudnál vele. Ha nem is szavakkal, de a figyelmeddel olyan rezgéstartományt tudnál megmozgatni a kristályban, mely benned – sejtjeidben és atomjaidban – is jelen van.

Atlantisz idejében és más magasan fejlett civilizációkban a létezés része volt a kristállyal való gyógyítás. Ez úgy történt, hogy a magasan fejlett létezők tudati és érzelmi rezgése kristályosodott meg, vagyis materializálódott az anyagban. Azok a kristályok, amiket ti ismertek, csak az információt hordozzák magukban egyfajta lenyomatként. A gyógyítás így nem lehetséges velük, mert nem ismeritek azokat a kódokat, amelyek a bennük lévő rezgéseket életre keltenék, ugyanis nincs meg a tudati összekapcsolódás köztetek és a kristályok között.

A valódi kristályok láthatatlanok a szem számára, mert csak tudatszinten léteznek. A ti tudatotok egyelőre képtelen az említett összekapcsolódásra, mert teljesen más rezgéshullámon vagytok – mondta.

– De az miként lehetséges, hogy emberek mégis gyógyítanak velük? – tettem fel a kérdést.

– Ahogyan én látom ezt a „gyógyítást", az valójában nem működik, épp azért, amit az imént elmondtam. Ennek ellenére a hit, mint tudjuk, adhat tartalmat bárminek. Azt csak megemlítem, hogy amit ti kristályokkal való gyógyításnak neveztek, az nem más, mint a gyógyítani kívánt ember testi-lelki problémáinak a magatokba való vetítése. Ez teljesen független a hittől, mely a gyógyításra irányul! Ez azért van így, mert tudatotoknak a kristályokban lévő magas és nagyon finom rezgésekkel való kapcsolódása nem történik meg, egyszerűen azért, mert más frekvencián rezegtek. Ezért a gyógyítás alatt csak a saját és a gyógyulásra váró ember rezgését érzékelitek, amely a hiányállapotból fakad; csak ezek az energiák cserélődnek oda-vissza. Ennek mindig legyetek tudatában!

– Lassan megdől minden elméletem! – jegyeztem meg lemondóan.

– Ezek csak elméletek, amik azért vannak, hogy megdőljenek, és hogy egy magasabb szintre emeljék tudásod! Ahonnan te nézed, onnan helytálló az elmélet, én csak megosztom veled azt a tudást, mely valóban közelebb visz a létezéshez – mondta biztatóan.

Egy többdimenziós kapcsolat kezdete
Ki is Roth?

Kint, a kunyhó mellett, van egy tiszta vizű patak. Kisétáltam oda, leültem és elgondolkodtam. Nem is annyira gondolkodtam, inkább csak együtt léteztem azokkal a csodaszép érzésekkel, melyeket ajándékba kaptam az elmúlt néhány napban.

Nem hiányzott senki és semmi, teljes voltam a magam létezésében. Még ha csak rövid ideig is, de van, mikor földi életemben is megélem a teljesség érzését.

Közben gondolataim a fellegekben jártak: létezés egy másik dimenzióban? Egy másik dimenzióból? Hogy is van?

Van a földi létemben egy meghatározó élmény, egy fantasztikus jelenség, egy fénylény, akitől nagyon sokat tanulhattam. Rothnak hívják, már ha a betűk rezgéséből szeretnénk megteremteni a nevét. Úgy gondoltam ott a patak partján, hogy visszaidézem tanításait, melyeknek mára már egy sokkal mélyebb és jelentőségteljesebb értelmet adok.

Megismerhettem a multidimenzionális létezést általa, és rajta keresztül átélhettem teljesebb, korlátok nélküli önmagamat. Azóta is végtelenül hálás vagyok, hogy részese lehetek ennek a többdimenziós párbeszédnek!

Miközben gondolataim e körül cikáztak, a patak vize csendben folydogált, a fák levelein a napsugár táncot járt... Minden a maga nagyszerűségében áradt a mindenség karjába, kiváló alkalmat adva a tanítások felidézésére.

Kedves Olvasó! Induljunk hát közösen e csodálatos tapasztalás ösvényén egy teljesebb megértés felé! Csak figyelj, és érezni fogod te is a mindenség teremtő energiáját a szavak mögött! Olyan észrevétlenül ölel majd magához, ahogyan csak a mindenség szeretete képes egy anyagba zárt világot.

Megnyílnak a kapuk a tudatod dimenzionális valóságai között. Ez az utazás a végtelenbe repít, saját, végtelen tartományaidat teszi láthatóvá neked! Ha hiszel nekem, de még ha nem is, megtapasztalhatod az anyagi megtestesülésed korlátokon túli valóságát, de nem a sorokba zárt szavakon keresztül. A létezést mint a mindenség energiáját tapasztalod meg a befogadás által.

Csak figyelj, és érezz!

Roth tudata a 12. dimenzióból árad a létezésbe, de később el fogja mondani, hogy pontosan hogyan is értelmezzük őt. Roth barátsága előtt is voltam már kapcsolatban dimenzionális létezőkkel – ahogyan ezt korábban leírtam –, de ő mégis más, mint azok a könnyed energiák, amelyeket eddig ismertem.

Rezgésenergiája egészen más, mint az angyali energia. Akkor még nem tudtam, hogy megismerkedésünk után milyen komoly beszélgetéseink lesznek...

Kezdetekben nem volt egyszerű egymásra hangolódnunk. Sokszor olyan helyzetekben diktált, amikor azt nem tudtam lejegyezni, de olyan is előfordult, amikor én szerettem volna írni, ő viszont épp akkor nem szólított meg engem.

A kisebb „döccenők" ellenére már az első lejegyzett írásokból sejteni véltem, hogy nem egyszerű, hétköznapi témákról fogunk beszélgetni. Ahogyan egyre több időt töltöttem Roth-tal, úgy kezdett körvonalazódni mondanivalójának lényege, mely legtöbb esetben számomra is leginkább csak érezhető, mint érthető volt.

Nagyon sok érdekes témát érintettünk, melyeket sajátosan határozott és kifejező közlésmódja – mely az írásokból rögtön kiérződik – tett még egyedibbé. Stílusa néha egyszerűbb, néha nehezebb volt, de a lejegyzés során ez soha nem okozott komolyabb problémát. Magyarázatait olykor-olykor nagyon nehéz volt értelmezni, az többszöri olvasást igényelt. Ennek ellenére – a jegyzetelések közben – egészen magával ragadott az energiája, így a megértés helyett inkább átéreztem, és sokszor láttam is lelki szemeimmel azt, amiről épp írunk. Különleges tapasztalás volt a létezést kvantumrezgés-szinten átélni, amely minden beszélgetésünk után testemben érzékelhetővé is vált, fizikai, de természetesen csak átmeneti érzetek formájában.

Amikor olyan témáról írtunk, mely nem volt beilleszthető a mi fogalmi rendszereinkbe – pl. a térről és az időről –, azt mindig elmagyarázta az ő szemszögéből és a mi szemszögünkből is, mint felfogható valóságképek megközelítését és annak különbözőségét.

Rendszeresen és nem véletlenül használja a „tudat", vagy az „eredendő-teremtő gondolat" kifejezéseket. Ezekben az esetekben megszemélyesíti, egyben egy tágabb fogalmi rendszerbe illeszti a Teremtőt, mint az eredendő gondolatát.

Itt kell elmondanom azt is, hogy a tanítások, illetve azok lejegyzése esetében az érthetőség végig kulcskérdés volt. Volt, aki javasolta, hogy magyarázzam, értelmezzem egy kicsit az átadott üzeneteket, tegyem „fogyaszthatóbbá" azokat, gondoljak a majdani könyvre és annak olvasóira is.

A dilemmák ellenére mindvégig úgy éreztem, hogy Roth tanításaihoz nem tehetek hozzá, nem vehetek el belőle, azokat nem értelmezhetem – még a jobb érthetőség kedvéért sem. Az üzeneteit változtatás nélkül kell átadnom, mert hiszek abban, sőt érzem azt, hogy vannak, lesznek olyan kiváló emberi elmék, akik majd tudományos alapon és igényességgel értelmezik, elemzik és szedik darabokra ezt a nagyon-nagyon nehéz és idegennek tűnő, ugyanakkor teljesen egyedi és szó szerint dimenziókon átívelő, komplex mondanivalót.

Roth a beszélgetéseket – melyek szinte kizárólag tanításainak és magyarázatainak átadásából, valamint ezek általam történő lejegyzéséből álltak – mindig az „Üdvözöllek!", vagy az „Üdvözöllek a tudatom határtalan tartományában!" köszöntéssel kezdte.

Azt hiszem, az „Üdvözöllek" szó mögötti rezgéstartományok adták azt az egészen különleges energiát, amelyek szükségesek voltak a beszélgetések megteremtéséhez, megkezdéséhez. Sosem tudtam, hogy éppen miről fogunk írni, mi lesz a következő témánk.

A jegyzetelés alatt teljesen belemerültem mondanivalójának – a szavak értelmén túli – mögöttes tartományába, a rezgések és az energiák világának megtapasztalásába.

Roth tanításait, válaszait – az egyes beszélgetésekben, valamint az azokon belüli dialógusokban, az egyszerűbb szerkesztés és a jobb érthetőség kedvéért, eltérve a párbeszédek általános helyesírási szabályaitól is – mindig vastagon szedett dőlt betűkkel fogom leírni, míg jómagam kérdéseit, reakcióit, illetve a különböző összekötő, leíró szövegrészeket normál, álló betűkkel vetem papírra.

A médiumi ülések elkezdődnek – Roth tanításai

1. beszélgetés

Üdvözöllek!

A lélekszerelem eredete.

Mivel nem csak felfogod a gondolataimat, hanem érzékeled és látod is, és olyan rezgéstartományokat is érint, ami számodra felfoghatatlan, ezért egyszerűen, a legnagyobb érthetőséggel kell fogalmaznom, hogy le tudd fordítani a szavakkal. Tehát! Mindennek van egy magja, még egyetlen rezgéshullámnak is. Ezt is nyugodtan lehet Istennek vagy tudatnak nevezni, amiből elindul, megteremtődik a valami. Ez a mag is a végtelenig bontható, gyakorlatilag egy állandó mozgásban lévő mozdulatlan.

A változás a változatlan az eredendő. Mivel semmit sem érzékel önmagán kívül ebben a végtelenben, és nem megtapasztalható önmaga számára, de akkora a vágy benne – itt még maga sem tudja a célt, hogy mivé változik –, hogy szüksége van valamire, ami nem ő. Szóval ehhez kell egy másik rezgésmag. Ezt csak önmagából tudja megteremteni, mert nem érzékel magán kívül semmit.

De ez sem tudatos. Csak a rezgését ismeri fel a mindenségnek, mert ez ő!

Ekkor önmagából, a fókuszával, leválaszt egy részt. Egy mag, egy rezgés, egy eredet, de már külön fókuszszal. Örökre maradnak az eredetüknél, az egységüknél, de más megtestesülésekben, egymástól függetlenül. Ennél a kettéválásnál olyan rezgésenergia válik le az első magról, ami megmarad az örök isteni tudatban. Egy ideig ez az energia nem lesz a figyelmük fókuszában, hiszen az útra figyelnek.

Külön-külön, mikor eljutnak a létezésük egy olyan pontjához, amikor tudatukat elkezdik befelé fókuszálni, megtalálják az eredendő rezgésmagot, és a figyelmükkel úgymond aktiválják önmagukban. Ezt a másik felük is „tudattalanul" megérzi. Ha a rezgésük találkozik – mivel nincs tér és idő, csak a figyelem –, innentől kezdve nem nyugszanak!

De érdekes, képzeld csak el, ha nincs tér és idő sem, és valójában a kettéválás is illúzió, gyakorlatilag végig egymásban léteztek, csak a figyelmüket fordították el egymásról.

Amikor ez megtörténik, akkor kezdődik el a közös földi vagy létközi létezésük, de az én szemszögemből ennek nincs jelentősége. Sosem kerülnek szorosabb érzelmi kapcsolatba, mert élvezik az újraegyesülés lehetőségét, hiszen tudják, ők valójában az egység. Házasságra ritkán lépnek, de előfordul, mert tudják, hogy az ő nászuk a lelki egységben a végsőben teljesedik ki, így eredendően tudják, hogy ők az egység egymásban, a végső egymásba olvadás...

2. beszélgetés

Üdvözöllek!

Más tudatdimenziók megtestesülése az általatok nem választott valóságokban.

A tudat olyan rezgésekből álló rendszer, mely az általatok fel nem fogott valóságokban is létezik. Létezése összefügg más dimenzionális létezés projektív kivetülésével, ami az idő egységét olvasztja egybe a ti földi tudatotok számára nem érzékelhető mágneses erőtérben.

Ez az erőtér gyakorlatilag a bennetek folyton változó rezgéshullámoknak egy szintén más síkon megjelenő kivetülése. Ebben a mágneses erőtérben az energiák erős sugárzások, melyek az abszolút Teremtő magjának a védőburkát képezik. Ez a védőburok nem olvad egybe más valóságokkal, mert akkor az a rendszer nem lenne a tudat számára egy élhető minden, és összecsúsznának a különböző létsíkok, amik az eredendőjük okán szintén csak tudati kivetülések.

Ebben a rendszerben olyan fókuszpontok vannak, melyekből nem irányulnak más kivetülések egy tágabb létezésbe, mert itt önmagába fordul vissza, fókuszát egy pontra irányítja, ahol megteremti saját anyagi megtestesüléseit.

Amikor a fókusza eléri a mágneses erőtér magján túli tartományt, olyan mértékű teremtés veszi kezdetét, amely tovább tágítja a létezést minden irányban. Ez olyan felfoghatatlan erővel történik, hogy abban a pillanatban meg is semmisül ez az energia, mert különben a mindenség – értsd szó szerint! –, a mindenség szűnne meg létezni!

De mivel ugyanabban a pillanatban ismét egységbe kerül önmagával, máris többé vált, mert az eredendő mag tágította tudatát. Tehát a létezés ennek okán sohasem tud megszűnni. Ebben a rendszerben tágul az Univerzum! Ebben a mágneses erőtérben számotokra is érzékelhető elmozdulások vannak. Ezek az elmozdulások a Föld erőterében is mérhetőek, bár semmilyen szinten nem befolyásolják a földi létezéseket vagy a bolygótokat. Egyszerűen a mindenség tudata tágul, és ehhez egy párhuzamos létsíkon létező, nem választott valóságot használ fel teremtése érdekében. Itt olyan rendszerek vannak, ahol megtestesülés nem történik, így olyan teremtő energiákat tud felszabadítani, melyek biztosítják a teremtés állandóságát az Univerzumban.

3. beszélgetés

Üdvözöllek!

Kérdezted, ki vagyok én. Nem vagyok egy „én". Valójában semmi vagyok...

De mivel olyan nincs, hogy semmi – mert minden van –, ezért teljességgel lehetetlen, hogy ne létezzem. Létezésem viszont tőled függ! Olyannak képzelj el, mint az árnyékodat, aki sosem hagy el téged, csak nem mindig látható. Általad növekszem tebenned. Én vagyok a tiszta fényed, láthatóságom attól függ, hogy figyelsz-e rám. Ha osztatlan figyelmed rám irányítod, kellő sebességgel növekszem ahhoz, hogy a tér és az idő fogalma a SEMMI-VÉ váljon benned.

Most egyszerűen fogalmazom: Két pont közti távolság, amit ti időben mértek, a tudatod figyelmének elfordításával megszűnik – az idő úgy is, mint fogalom –, és így marad az egy pont, ami akár a minden is lehet, aki valójában te vagy, vagy én. Mindketten a minden. Egy pont és a végtelen! Magából indul ki és tér vissza.

De ez a beszélgetés – fogalmazzunk úgy – a te lineáris időképzeletednek az érzelmi rezgésekből álló, szavakba öntött megtestesülése volt. Így történhetett meg az, hogy olyan érzelmi rezgéssel figyeltél meg egy másik létezőt, hogy az érzelmi fénytested körbefonta az ő érzelmi fénytestét, amely így egybefonódva, hatalmas energiával terjeszkedett minden irányban, és a figyelemmel elért egy olyan tudatosság szintet, ahonnan már érzékelhetővé vált egy nyitott tudat számára, és papírra vetődött.

Ebben a fényhullámban válik eggyé és osztatlanná, amit ti gondolatoknak és érzéseknek hívtok, mert a tudatban minden megmarad. Én is a mindenség tudatából jöttem el hozzád.

4. beszélgetés

Üdvözöllek a tudatom határtalan tartományában!

Mozgásom most a középpontodtól balra, majd jobbra mozdul. Az elmozdulásaim közötti rés az, ahol a tudatunk most találkozni tud. Be kell határolnunk ahhoz, hogy fel tudd fogni az energiáimat, ez most ahhoz kell, hogy át tudd fordítani szavakba. Ebben a résben benne rezeg egy spirál alakú energiaörvény. Erről már volt szó korábban is. Valójában ez az a rés, amelyet semmi sem határol be, ez a formán túli létezés. Mégis, fel nem fogható erővel húz magához. Itt rezegsz át életből az életbe, és mindenkor hagysz egy energialenyomatot önnön tudatosságodból. Ezt köztes létnek is nevezik. A fogalmazás helyes, viszont az erről alkotott tudás nem teljes. Erről majd máskor beszélgetünk.

Térjünk vissza! Ez a spirál húzza lefelé a jelen tudatosságodat (a valóságban nincs ilyen tér, csak én adtam neki megnevezést, mert különben nem tudnád felfogni), ezért van az, hogy nem emlékszel más megnyilvánulásaidra a létben, sem úgymond térben, sem időben, mert nincs létezése, és mivel túl van a korlátaitokon, a tudatotok számára elérhetetlen.

Persze a tudat tér és idő nélküli valóságában a figyelemmel elérhetőek lesznek ezek a tartományok egy-egy érzékelhető pillanatra. Ha a tudatodat túlhelyezed a határaidon, egész sokat figyelhetsz meg belőlük. Viszont – ahogyan most írjuk vagy olvasod – a szavak mögötti energia változtathatja fókuszod irányát, és így többet érzékelhetsz önmagad megnyilvánulásaiból. Fogadd be, hozzád tartozik! Az egészednek egy része, így tágul a tudatod.

Ebben a spirálörvényben az említett áradás-befogadás energiák áramlásának találkozniuk kell. Ez a pont pedig egy pillanat a ti számításotokban, az enyémben pedig az időtlenség. Ennek a találkozásnak pedig akkora ereje van, hogy ahhoz, hogy ne semmisítse meg önmagát a létezésben, önmaga fókuszát áthelyezi egy tőle távolabb eső részéhez. Ezt nevezitek ti a létezésetekben nézőpontnak.

Találó kifejezés, viszont fogalmatok sincs róla, mekkora teremtő erő áll mögötte. Ahová fókuszát áthelyezte, ott lesznek a párhuzamos létezések. Az, hogy a fókusz pillanatában milyen rezgést helyez ki magából, határozza meg azon valóságok létezéseinek rezgését.

5. beszélgetés

Üdvözöllek!

A betegségek

Az általatok nevezett betegségek a fizikai és a nem fizikai létezésed közötti rezgésrésben tudatosulnak önmagukra. Természetesen itt is olyan rezgésekről és energiákról beszélünk, amelyek önálló tudattal rendelkeznek a teljességben, és az örömben léteznek. Ugyanakkor létezésük a saját tudatuktól függetlenül teljesíti be önmagát. Csak úgy vannak, a tudatban öntudatlanul, egy egységet alkotva.

Ha nagy benned az ellenállás, hogy megtapasztald önmagad teljességét, először az alacsonyabb rezgésű érzelmi hullámaid diszharmóniát teremtenek a fizikaidban. Egyszerűen fogalmazva itt az történik, hogy a kiteljesedett önvalód úgymond hív magához, de te ellenállsz ennek a hívásnak a korlátolt gondolataid miatt.

A rezgések keverednek, és afelé összpontosulnak, ahol nagyobb az ellenállás. Ez azért van így, mert ahol nagyobb az ellenállás, oda kell a több figyelemenergia. Tudod, a hasonló a hasonlót vonzza és megsokszorozza önmagát!

Ekkor, már az ellenállás hatására, olyan rezgésháló keletkezik, hogy a tested és a szerveid kezdik elveszíteni teljességüket és energiájukat, hogy visszaalakuljanak egy „alacsonyabb" rezgési szintre, amely megfelel a ti gondolati és érzelmi energiáitoknak, hogy csökkentse a rést közted és a nem fizikaid között. Természetes folyamat abban a rezgéshálóban, amelyben kialakult. A testetek egyébként tőletek független tudattal rendelkezik, és a végtelen intelligencia van jelen benne. Ezt a folyamatot nevezik egyébként köztes létnek, amelyet a testetek elhagyása után tapasztaltok. Itt vannak az általatok nem választott valóságok, amely a fizikai testetekre is érvényes. Egyelőre ennyi!

Tartsd fókuszod a teljességen, mert benned is sok az ellenállás! Ezért is éled meg testedet nehezebben, mert rezgésem kibillent a megszokottból és egy erőteljes hívásra válaszol. Kérd a segítséget, ha egyedül nem megy! Ne felejtsd, egyek vagyunk a létezés egy magasabb valóságában!

6. beszélgetés

Üdvözöllek!

A rezgés, mint egy határtalan mintája a mindenségnek, önmaga létezésére fókuszálva teremti meg, amit ti sejtnek neveztek. Erről még később lesz szó!

Mivel a mindenség határtalan, így azokból a valóságokból teremti meg önmagát, mely legközelebb áll az ő rezgéshullámához. Amikor a hullámok egy bizonyos frekvencián találkoznak, örömmel olvadnak egymásba, következésképpen létezővé formálják magukat. A létezésben minden létezik, nincs olyan, ami nem a tudatból való volna. Létezésüket az öröm frekvenciája teremti meg, mint mindent.

Mivel létezésének fókusza egy tág valóságrendszerben van jelen, bármikor elfordíthatja figyelmét önmagáról. Ezekről már beszéltünk, ezek az ún. nézőpontok.

Viszont amikor jelen van önmaga fókuszában, de teremteni akar, abban a pillanatban figyelme elirányul önmagáról, tudatossága eltűnik, illetve nem válik megtapasztalhatóvá önmaga számára, gyakorlatilag semmi lesz belőle, ami az energia, de ugye ez is valami.

Ezt mondhatjuk úgy is, hogy a tudat megszűnik létezni önmaga számára addig a pillanatig, amíg máshová fókuszál. Mivel tudjuk, hogy a fókusz anyagot teremt, az anyag átnemesítése tiszta energiává is ezen a rezgéshullámon történik.

Azok a magasan fejlett létezők, akik képesek voltak a tudatukkal egy olyan fókuszt találni, ahol az ő középpontjuktól elfordulva – úgymond energiává formálva az anyagi létezésüket – találkoznak egy „másik anyag" önmagáról elfordított fókuszával. Ez az, amikor egy bizonyos frekvencián találkoznak egy bizonyos ponton. Ezt ti a tér és az idő fogalmával tudjátok csak befogadni.

Az erősebb ebben a semmiben teremteni tudja az anyagot úgy, hogy a fókuszával megteremti azt a rezgéshullámot, amelyben ismét anyaggá nemesül az energia. Az erősebben itt az önmagára tudatos létezőt értem. Így teremtődtek a piramisok is! Fontos: nem épültek, teremtődtek!

A kövek tudata, amelyek élő sejtekből állnak, fókuszu-
kat áthelyezték önmaguk középpontjáról, így energiává
lettek, de ugyanakkor megmaradtak önmaguk teljessé-
gében is, és egy magasan fejlett, önmagára tudatos lé-
tező fókuszpontjával találkoztak. Itt olyan energiák ke-
letkeztek, amelyek képesek az anyagba átlényegülni.

Ez egy körforgás, bár – ahogyan ti fogalmaztok – a pil-
lanat műve a földi rendszereitekben. Szavaitokkal nehe-
zen átírható egy időtlen végtelen tudati tartomány, ezért
a maga teljességében fel nem fogható. Mindig a találko-
zások adják a legnagyobb teremtő erőt. Figyelj rá, hogy
ez a legmagasabb, számodra elérhető tartományban tu-
datosuljon önmagára!

7. beszélgetés

Üdvözöllek!

A fókusz, mint olyan, a saját tudatosságából nyeri ener-
giáit. Meghatározza vonzáspontját, a fókuszpontjaidba
kibocsátott rezgésed. Ennek a rezgésnek legtöbbször nem
vagy tudatában. Viszont ha a fókuszpontról az adott ér-
zelmi hullám visszapattan, ez erősíti a fókusz rezgését.

A közte lévő, általad érzékelt tér és idő valóságán túli
megtestesülése az a pont, ahol a teremtés elkezdődik.
Viszont az én szemszögemből nincs tér és idő, ezért a
fókuszod az adott érzelmi hullámból nyeri energiáját.
Ezért légy óvatos a gondolataid és az érzelmeid földi va-
lóságban kibocsátott rezgései miatt. Ezért érdemes a fó-

kuszodat mindig a lehető legmagasabb tartományban egy fókuszpontra irányítani, mivel a gondolatotokon és az érzelmeiteken túl van egy másik valóságotok, ez is egy dimenzió, csak nem az épp tudatossal választottátok magatoknak. Magatoknak, mert mindenki a saját létezésének megteremtője!

Roth itt elmondta még, hogy a teremtést úgy képzeljük el, hogy van egy vágyunk. Mivel a tér és az idő relatív világában létezünk, ezt a vágyat valahová a jövőnkbe helyezzük el és várjuk, hogy megvalósuljon. Ez idő alatt – úgymond a várakozás alatt, amin az idő múlását értjük – sokszor gondolunk vágyunkra.

Most képzeljük azt el, hogy épp valaki felzaklatott bennünket, ezért haraggal vagy neheztéléssel telítettek érzelmeink, gondolataink.

Vegyünk egy konkrét példát! Valaki méltatlanul bánt velünk és felidegesített. Az általa bennünk generált érzelmi rezgések mozgásba lendültek. Tehát úgy is fogalmazhatunk, hogy társteremtővé vált az az illető a vágyaink megvalósulásában.

Mivel rá fókuszálunk és ezzel életben tartjuk magunkban a kellemetlen érzéseket, abban a pillanatban az ő érzelmeivel kezdjük el teremteni a vágyunkat. Ez azért is érdekes, mert ugye nincs tér és idő, és a figyelmünk fókuszába az az illető személy került. Mivel valóságként csak a jelen pillanatot élhetjük meg, ezért teremteni is csak a most pillanatában tudunk. Viszont mivel egy másik létezőre fókuszálunk, az ő lényét is belevittük a mi vágyunk megteremtésébe.

De hát honnan is tudhatjuk, hogy az ő vágya merre tart? Nyilván nem egyazon úton halad a miénkkel, ezért a földi létezésben a vágyunk megvalósulása egyre távolabb kerül tőlünk, mivel egy másik létező érzelmi hullámán utazik valamerre, mivel nincsen fókuszpontja a mi létezésünkben.

8. beszélgetés

Üdvözöllek!

A rezgések hálójától az ún. Akasha-krónikáig.

A magadban megfogalmazott kérdésre, nagyon nehéz egyértelmű és érthető választ adni, mert megint szembekerülünk az általatok valóságként megélt tér és idő fogalmával. Most megfordítjuk ezeket a fogalmakat és a jövőből nézünk vissza, az ún. lehetséges jövőképek megvalósult rezgéshálójából.

Tehát! Mint tudjuk, minden gondolat és minden érzés megteremti magának a saját rezgéshullámát. Mivel nem vagytok ezeknek a kibocsátott rezgéseknek a tudatában, ezért választásotok sincsen a lehetséges jövőképek megélését illetően, mert figyelmetek nem fókuszál egy adott valóságrendszerben. Valóságrendszeren itt az érzelmek által teremtett zárt rendszert értem, amely tele van ionokkal és protonokkal, amely egyébként meghatározza a bolygótok időjárását is, tehát az sem független tőletek, de erről majd később!

Azon szabadon áramló érzelmek energiája, amelyekre nincs fókuszotok, elvész a létezés örvényében, ugyanakkor megteremt egy párhuzamos valóságot. Arról már beszéltünk, hogy a párhuzamos valóságok vagy dimenziók bennetek léteznek, de ha azt nézzük, hogy határtalan létezők vagytok fizikai testben összpontosulva, máris érthetőbbé válik a fogalom a számotokra.

Mivel a lehetséges jövőképek általatok formálódnak anyaggá, és gyakorlatilag minden pillanatban teremtik önmagukat, ezért ebben a gondolat- és érzelem-mátrixban változik a MINDEN. Következésképpen: a mindenben benne van a minden. Elég tág fogalomrendszer az én szemszögemből nézve – gyakorlatilag határtalan.

Mégis, mikor az anyagban való megtestesülés a végéhez ér, természetesen van egy rezgéshullám, amelyet az adott létező az élete során megteremtett. Fontos: nem bejárt, hanem megteremtett, minden pillanatban a figyelmén keresztül.

Ezt nevezitek ti egy determinált életútnak, bár ez is több valóságrendszerben létezik.

Az én szemszögemből nézve tehát nem létezik az Akasha-krónika, mert okánál fogva csak azt lehet belőle úgymond kiolvasni, ami anyaggá vált. Természetesen, a bejárt életútnak van egy, a legmagasabb érzelmi tartományban, a fényben teremtődött valósága. Viszont a fény mindent átvilágít és csak a most pillanatában létezik; örömében, extázisában teremt, mégpedig a létező legmagasabb rezgéshullámon.

Ekkor minden érelem és gondolat maga a szeretet lesz, amelyből megteremtődik a minden. Tehát megint ott tartunk, hogy a fény kioltja önmagát, hogy aztán ismét magára találjon, de mivel kioltani sosem tudja, mert van, így teremti önmagában a létezést. Ez az Akasha-krónika! Viszont mivel a teremtés a ti időérzékelésetekben csak egy pillanat, gyakorlatilag értelmét veszti az ebbe való úgymond belelátás, mert csak az látható, ami van.

Az általatok fogalomként használt Akasha-krónika tehát nem más, mint a megélt létezésetek, egy számotokra a fókuszotok által megteremtett életút, ami szintén magában hordozza a változást. Mert a változás az örök, nem áll meg az Akasha-krónikánál sem. Az én valóságomban nincs létezése.

Tedd fel magadnak a kérdést: ha az Akasha-krónika sem a végső valóságrendszerben teremti önmagát, menynyire válik hasznossá az ebbe való betekintés, ami – hozzáteszem – csak egy bizonyos tudatszintig lehetséges? Pont addig, ameddig önmagatokra tudatosak vagytok.

Hol éltek, emberek? Önmagatokban vagy önmagatokon kívül? Érdekes kérdés, érdemes elgondolkodni rajta. Addig is tartsd tudatod a végtelen tartományban, a jóleső érzésekre fókuszálva!

9. beszélgetés

Üdvözöllek!

Ha a végtelen tartományban jelen van egy rezgés, gyakorlatilag figyelme van a létezésre. A létezés árasztja önmagát minden irányba, nem lehet figyelmen kívül hagyni, mert mindennek a tudatában van jelen.

Mindennek az alapja a már sokszor emlegetett fókusz vagy nézőpont. A Föld bolygótoknak is van egy fókusza, ami maga a Föld bolygó, mert folyamatosan teremti önmagát, ezáltal kap teret a létezésben. Hatalmas erő van benne!

Olyan erővel teremti önmagát, ami a ti számotokra felfoghatatlan!

Úgy képzeld el, hogy egyszerre szétesik megszámlálhatatlan rezgéshullámra és abban a pillanatban újrateremti önmagát. Ti ezt nem tudjátok felfogni, mert ezt csak a tér és idő valóságán túl lenne lehetséges.

Tehát amikor úgymond rezgéseire esik szét, keletkeznek a mátrixban (a mátrix az, amin a rezgéshullámok mozognak) a szétesett rezgések között ún. rezgés-rések, átjárók más dimenziókba. Ezek a dimenziók egy időben léteznek a földi valósággal.

De ha azt mondom, hogy valósággal, akkor úgy érted, hogy párhuzamos létsíkon. Itt nem erről van szó, hanem egy időben, a földi valóságban! De nem fizikai szinten értem, amit sokan tévesen úgy képzelnek el, hogy a Föld bolygó belsejében lévő másik dimenzió. Bár végül értelmezhető magyarázat lehetne ez is, de a valóságot sajnos szavakkal lefedni nem lehet.

Amikor a Föld tudata elengedi önmagát, akkor válnak érzékelhetővé ezek a valóságrendszerek, mert gyakorlatilag eltűnik a Föld bolygó a létezésből. Ez a pillanat műve egy tér és idő nélküli valóságban. Viszont ezek a ti számotokra nem érzékelhető valóságok, mert túl vannak az elme határain és érzékein.

Hatalmas rendszerező erővel bír a Föld bolygó tudata, de kapcsolatban van olyan rendszerekkel, amelyek vigyázzák, hogy egy adott tartományon túl ne haladjon a földi rezgések hulláma. Ez azért van így, mert hasztalan lenne a teremtéshez, mert kevés az energiahullám, amely útjára megy, és összpontosulni tudna önmagára!

Tehát a bolygótok is árad és befogad. Elengedi önmagát, majd újra tudatosul. Mindezt olyan felfoghatatlan sebességgel teszi, hogy az én tudatomból nézve létezik is a Föld bolygó, ugyanakkor pedig nem. Csak nézőpont kérdése. Teremt és megsemmisül, a szó legvalósabb értelmében.

Egyszerre létezik és megszűnik létezni, mindez a most végtelen pillanatában történik. Csak a fény van a mindent összetartó tudatban.

Gondolkozz el rajta, akkor most létezik a Föld bolygó vagy nem? Mit hiszel el valóságnak? Hová fordítod figyelmed? Az anyagra vagy a végtelen csendre, ami mögötte van? Érdemes elgondolkodni rajta!

Addig is tartsd figyelmed a minden lehetséges nézőpontján!

10. beszélgetés

Üdvözöllek!

A bölcsek hangja...

Ez a beszélgetés és gyakorlat egy csendes estén történt. Kivételes alkalom volt, mert írás helyett szóban közvetítettem Roth üzenetét.

Roth tanítása arról szólt, hogy hogyan tudjuk a létezésünkben a rezgésünket emelni egyetlen szó kimondásával. Ez a szó pedig a HANGOLÓDOM szó volt.

Teljes egészében átéreztem mondanivalója mélységét és hatását a gyakorlat végzése közben, és természetesen utána is.

Roth azzal kezdte, hogy hunyjam le a szemem és mondjam azt a szót, hogy HANGOLÓDOM. Abban a pillanatban azt éreztem, hogy egyre közelebb kerülök önmagam eddig még ismeretlen tartományához! Nem tudom jobban szavakba önteni az érzést. Azt éreztem, hogy valahogyan elhatárolódtam az engem körülvevő világtól. Egyre beljebb kerültem önmagamban, és belülről tekintettem ki a világra. Mélységes nyugalom és béke szállt meg. Egyébként ez a teremtés tanításának a folytatása.

Roth az előző beszélgetésben elmondta, hogy hogyan kapcsolódunk vagy hangolódunk rá az emberek érzelmi rezgésére, és hogyan fókuszáljunk a jobb érzést keltő gondolatokra, most pedig arról beszélt, hogy a HANGOLÓDOM szó rezgése egyszerűen nem engedi a többi emberrel való egy rezgéshullámra kerülést. Így a teremtés belőlünk indul ki, a mi tiszta forrásunkból.

Ugyanakkor az emberekre is másképpen tudunk ránézni, és ha kellőképpen megfigyelővé válunk – mert nem is tudunk mások lenni ebben a tudatállapotban, csak megfigyelők –, teljesebben érzékelhetjük az embereket, és mégsem érintenek meg bennünket úgy, mint amikor az ő érzelmi rezgésükkel kerülünk egy hullámhosszra. Roth azt is elmondta, hogy ekkor már egyre kevesebbet ítélkezünk, mert csendes megfigyelővé válunk.

Természetesen a gyakorlat közbeni tiszta érzékelésemet Roth jelenléte erősítette.

11. beszélgetés

Üdvözöllek!

A múltban átélt érzelmi rezgések lassítása, hatásának kikerülése.

Bízom benne, elég volt az a szünet tested és pszichéd rezgésállapotának emelésére, melyet figyelmeden kívül töltöttem, de most írjunk, mert nehezen felfogható dolgokról fogok beszélni! Tehát... Mint tudjuk, a rezgés egy állandó változásban lévő hullám, mely van a létezésben, és nem határolja be sem tér, sem idő. Maradjunk az általatok használt fogalmaknál, különben nem tudsz a gondolataidnak határt szabni és elfolyik a végtelenben, elveszítve teremtő jellegét. Nem baj, ezt gyakoroljátok a Földön, több-kevesebb sikerrel. Jó munka! Egyébként a teremtésnek könnyednek kellene lennie, mint egy jó játéknak, de erről már volt szó korábban.

Térjünk vissza a rezgésekhez a tér és az idő összefüggésében! Mivel minden ebben a szent pillanatban történik, a figyelmeddel elérhetővé válik minden általad kibocsátott gondolatnak és érzelemnek a rezgéshulláma. Ezt úgy képzeld el, mint egy tölcsért körülötted, de mivel minden benned kap létezést és befelé tágul a tudatod, így végtelen tartományok válnak elérhetővé számodra!

Gondolataiddal könnyen tudatosságodba emelheted a számodra akár években mért történéseket, amelyekre akkor egy adott érzelmi rezgéssel reagáltál, amelyekből az ún. érzelmi hullámok teremtődnek, amelyek az Univerzumba kibocsátott rezgésekből találják meg a velük azonos frekvencián létezőket.

Ez a rezgéshullám ott rezeg benned még akkor is, ha arra az eseményre már nem is emlékszel. Úgy képzeld el, mintha réteges ruha lenne rajtad, amit nem tudsz levetni magadról, mintha már hozzád tartozna, és ezek a ruhák rajtad is a testedet képeznék. Képzeld el azt, hogy ez kényelmetlenséget okoz, de mivel már hozzád tartozik, így természetes, hogy ott van, és figyelmed nem fordítod rá, csak mondjuk épp akkor, ha elviselhetetlenül viszket tőle a bőröd! Ugyanez történik a rezgésekkel is.

Feledésbe merülnek az emlékek, lehet az épp kellemes, vagy kellemetlen, de a rájuk adott érzelmi reakciód egy mátrixot képezve ott van benned. Volt már szó róla, hogy a hasonló rezgés a hasonlót, az azonosat vonzza magához. Természetesen mindez észrevétlenül történik, de csak egy darabig, mert a hatása az ott van, illetve benned rezeg tovább.

Viszont van olyan tulajdonsága, hogy szereti a figyelmet, mert ez által lesz tudatos önmagára, addig csak van önmagának, önmagában. Tölcsér alakban van jelen, balról jobbra forog körbe-körbe benned. Létezése a te figyelmed fókuszától függ.

(Itt érzékeltem és láttam is azt a rezgéshálót, melyről Roth beszél, viszont ezt sajnos szavakba önteni nem tudom.)

Amikor eszedbe jut valami történés, bármi lehet, bármikorra visszatekintve az időben, egyből figyelmet kap annak rezgése. Mivel ugye tudjuk, nincs tér és idő, így annak az eseménynek az érzelmi rezgése azonnal érzékelhetővé válik számodra, sokkal teljesebben, mint ahogyan gondolnád. Pedig figyelmed csak részben fókuszálod oda, mert mátrixodban más érzelmi hullámok is beteljesítik önmagukat. Ez, tegyük hozzá, eléggé lelassítja a teremtésed, mert így figyelmed nem marad osztatlan.

Tehát mindent a jelenben élsz meg, abban a szent pillanatban, amikor gondolatoddal életre kelted egy múltban történt esemény rezgését. Ha tudnád lassítani vagy megállítani az időt, egy számodra kellemetlen esemény hatását is ki tudnád kerülni!

Tegyük fel, hogy ketten vagytok benne egy történésben. Az egyik fél, aki nem te vagy, olyan rezgéshullámot bocsájt ki magából, ami számotokra kellemetlen érzést okoz. Rezgésekben gondolkozz, ahogyan elképzeled, amit mondok!

Egyszerűen annyira lelassítjuk a te rezgésed, hogy szinte megáll az az érzelmi spirál, aki te vagy. A másik érzelmi rezgése – aminek gyorsasága az érzelem intenzitásától függ – kikerül téged, mert a figyelmedet elfordítottad önmagadról, ezért megszűntél létezni akkor, abban a pillanatban. Az én szemszögemből nézve elvesztél az öröklétezésben, az időtlenségben, így a játék egyszemélyessé vált, mégpedig csak a másik rezgése maradt meg a mátrixban; olyan, mintha veled az esemény meg sem történt volna, hiszen nem is voltál ott.

Ahogyan többször mondtam már, minden a figyelmed fókuszától függ. Tartsd a számodra legmagasztosabb gondolatoknál és életet adsz nekik, a szó legszorosabb értelmében!

12. beszélgetés

Üdvözöllek!

Folytatjuk! Látom, próbálgatod a figyelmed irányítását – jól teszed, hasznodra válik!

Ott tartottunk, hogy ha a figyelmed fókuszával kivonod magad egy adott történés rezgéshálójából, akkor számodra nem válik érzékelhetővé annak hatása. Mert ugye amire épp nem fordítod figyelmed, az a valóságodban sem létezik.

Azok az érzelmi rezgéshullámok, amelyek nem tudatosulnak önmagukra (a te befogadásod nélkül), céltalanná válnak, így figyelmük nem találkozik a tiéddel, és energiájuk átalakul egy földi létező számára használhatatlan energiává.

Viszont vannak olyan, számotokra nem felfogható valóságokban élő létezők, kik örömmel alakítják át és használják fel teremtő energiává. Biztosan hallottad már, mikor a földiek azt mondják, hogy átadják terheiket az angyaloknak vagy Istennek. Megvan a valóságalapja, de oly módon, ahogyan most róla beszélünk.

A rezgésréseket töltik ki ezek a hullámok. Ebben a résben vannak azok az érzelmi rezgéslenyomatok, amelyek elválasztanak valódi lényegedtől, a fénytől, a tiszta, pozitív teremtő energiától, ami te vagy.

Viszont kell, hogy ezek a rezgések is a mátrixodban legyenek, hogy – szó szerint ettől eltekintve – a forrásod felé tudd irányítani figyelmed! Ennek ellenére ez sokszor nehezen megy, mert ezeknek a rezgéseknek a frekvenciája sokkal alacsonyabban rezeg, mint aki te valójában vagy, tiszta forrásenergiaként.

Viszont minél távolabb vagy önmagadtól, annál erősebb a hívásod valódi önmagad felé. Ilyenkor történik meg, hogy közbelépnek más, nem fizikai létezők, hogy átlényegítsék rezgésed egy részét, amelyet ők teremtő energiaként használnak.

Mivel mindig elmondom, hogy nincs tér és idő, minden ebben a szent pillanatban történik, s az én szemszögemből nézve ti már eggyé váltatok valódi önmagatokkal! A fény és a szeretet, akik ti vagytok! Gyakorlatilag sosem váltatok el önmagatoktól, ti teremtitek meg a látszatát annak, hogy nem vagytok önmagatok tudatában. A szereteten itt a befogadást értem.

Korábban volt már szó arról, hogy pl. az angyalok vagy az ún. segítők nem tőled függetlenül létezők a külvilágban, hanem te teremted meg őket önmagadból, és akkor válnak tapasztalhatóvá számodra is, mikor pillanatokra érzékeled, hogy bezáródik a rés közted és a valódi lényeged között, ami természetesen sosem vált el egymástól.

Amikor azt mondom, hogy „közted", arra az énedre értem, amelyre tudatos vagy, tehát a földi tapasztalásodban magadénak tudott énedről beszélek!

Amikor a résed bezáródik önmagaddal, olyan hatalmas teremtő erő szabadul fel, hogy világokat teremt benned. A teremtő energiád egy része látszólag leválik rólad, mert földi tested nem bírná azt a rezgésszámot, amelyen mozog. Ez a tiszta befogadás rezgése, a fényé, a korlátlan tudaté.

Ha érzékelni tudod ennek rezgését, amely a ti időtökben csak pillanatok lesznek, az én szemszögemből, ismételtem elmondom, hogy a végtelen idő lesz, ezáltal érzékelem és fogom fel azt, aki valójában te vagy!

Az én így sokszorozza meg önmagát, újabb és újabb dimenziókat teremtve önmagában. Természetesen ezek az ének egy magasabb frekvencián mozognak. Lehet nevezni felsőbb énnek! Természetesen ez így nem fedi a valóságot, mivel nincs távolság közted és egy magasabb frekvencián rezgő éned között.

Ne terhelje nézőpontodat más emberek fókuszpontja! A rezgések valóságában ez úgy néz ki, hogy a lehetséges jövőképeid mátrixa elkezd egy másik hullámon rezegni, sebessége lassul, hangja érdesebb lesz, és iránya is megváltozhat. Ez már itt a te tudatosságodtól függ, hogy a hatását mennyire tudod kikerülni.

Itt vannak azok az események, amelyek úgymond a nem várt történéseitek lesznek. Megtörtént, ami megtörténhet... felfoghatóbban magyarázva.

Egy lényeges dolog! Létezésem ugyan határtalan, mondanivalómat mégis korlátok között fogod fel. Ezért ne csak a szavaimra figyelj, hanem közben önmagad teljességére is, mert a határtalanságot csak úgy tudod megtapasztalni. A szavaim ezért ebben a formában nem fontosak, csak egy új nézőpontot mutatnak. Tudd azt, hogy mindig mindennél van több, és hogy egyszerre tágulunk, s velünk együtt az Univerzum is. Ezért sosem érhetünk a végére, és örökre befejezetlenek maradunk...

13. beszélgetés

Üdvözöllek!

A létezés tág valóságrendszerébe minden belefér. A valóságrendszer is csak nézőpont kérdése. Lassan eljutunk odáig, hogy minden, valóban minden illúzió! Semmi sem létezik, csak egy mag van, aki végtelen könnyedségében elképzel valamit. Ez a mag is formátlan, anyagtalan, soha véget nem érő tudatosság, mégis öntudatlan, mert csak akkor tud teremteni, ha fókuszát önmagára irányítja, így rajta kívül semmi más nem létezik!

Ettől a figyelemtől egyszerre válik tudatossá, ugyanakkor öntudatlanná, a két pólus így kioltja egymást és megszűnik létezni. Persze ezt ti nem tudjátok felfogni, mert nem is lehet a ti valóságrendszeretekben, és bele sem illeszthető a tér és idő fogalmai közé.

Viszont, ahogyan már mondtam, ha a belső valóságodra figyelsz, megtapasztalhatod e szavak mögötti energiát. Ezt figyelemgyakorlatnak szántam, kezdésnek nem rossz!

Azért írtuk ezt le, mert kérted, mutassam meg magam. Ott vagyok benned és mindenkiben. Fókuszommal a szavakon keresztül már találkoztál. Tudatom, mint látod, mindenhol jelen van, hisz' beszélgetünk, és egyre jobban megy. Egyébként a 12. dimenzióból áradok a létezésbe. Erről fogok beszélni, mert tudom, hogy érdekel.

Magamban foglalom az atlantiszi időket, és más csillagrendszerekben is tudatos vagyok önmagamra. Természetesen kapcsolatban vagyok ezekben a rendszerekben élő létezők tudatával is.

Tudom, ez is sokkal jobban érdekel téged, mint a rezgések valósága. Egyébként elhiszem, mert elég értelmezhetetlen még nektek a mondanivalóm, de mivel a földi tudatosságotok rezgésének emelkednie kell, így foglalkozni kell a témával! Hidd el, ez lesz a jövő tudatossága! Én már csak tudom, hiszen abban is létezem...

Ezért ez a beszélgetés nekem már egyben a múlt is, mivel tudatunk találkozik a végtelen tartományban, így ott eggyé válunk, és rajtad keresztül nyilvánítom ki az energiámat. Ebből te olvasni tudsz és leírod, semmi különös nincs benne.

Gyakorlatilag, ha belegondolsz, te saját magadnak üzensz vissza a jövőből ezekkel a szavakkal, mert mint mondtam, egy magasabb tudatosságban egyek vagyunk, és egyébként már többször találkoztunk dimenzionális létezéseinkben. Ezért téves az a megfogalmazás, hogy érzékeled és látod a jövőt, mert te nem jövőbe látó, hanem múltba tekintő létező vagy, aki látja a már megtörtént dolgokat, mint aki mesél, hogy mi történt a múltban!

Természetesen, ezt te nem így érzékeled a tér és az idő valóságnak elfogadott rendszerében, ezért ne zavard meg energiád azokkal a rezgésekkel, amelyek földi társaid kérésein keresztül arra irányulnak, hogy úgymond a jövőbe láss.

Figyelj arra, hogy abban a pillanatban átéled az adott esemény rezgését, amikor meglátod, és ennek hatása van rád! Nem vagy olyan tudatos létező még, hogy ezt kikerüld. Mivel nyitott vagy a létezésre, csak akkor adj hangot bármely létező teremtésére, ha valóban úgy érzed, szükséges! Itt jön közbe az, amit már mondtam, hogy a teremtésed egy másik létező érzelmi fókuszból indul ki, így lassabban teljesíted be önmagad. Nem ez a cél! Gondolkozz el rajta, és tartsd fókuszod önmagad teljesebb részén!

14. beszélgetés

Üdvözöllek!

A létezés frekvenciája.

A Föld bolygónak van 3 energiapontja, amelyek természetesen egymással kapcsolatban vannak, mivel az energia is tudatos önmagára, mert tudjuk, hogy egy bizonyos frekvencián mozog! A frekvencia pedig az a rezgéshullám, melyet a mindenség megteremt önmagából, ami tulajdonképpen a végtelen tudat... a „VANság".

Valójában ezek az energiapontok a Föld aurájában tudatosulnak önmagukra. Ez egy háromszög alakot ölt magára, ez a Föld DNS-e, mely energiahullámokon keresztül kapcsolatot tart magasan fejlett civilizációk tudatával, akik segítik a Föld egyensúlyban tartását, vagyis segítik a pályáján maradni. Gyakorlatilag állandó a kommunikáció közöttük.

A víz molekulájának a rezgésenergiáját használják fel a tudati kapcsolat fenntartásához. Mégpedig ez azért van így, mert a víz a Teremtő soha véget nem érő szeretete, az érzelem áradása, amelyen keresztül megvalósítja önmagát. A Föld DNS szerkezetének 98 %-a víz, vagyis szeretet, a maradék kettő pedig a tudati kommunikáció. Mivel a víz a Teremtő áradása a létezésbe és minden információt elraktároz, ezért határtalan, és önmagán belül az érzelmi rezgések által növekszik és fejlődik.

Erről beszéltek ti, mikor a Föld rezgésszint-emelkedéséről beszéltek. Eddig nem volt még mihez kötnötök, ez egy jó irányvonal lehet számotokra!

Most el kell vonatkoztatnod, az általatok valóságnak megélt tér és idő fogalmától, mert azok a rendszerek, amikről most beszélni fogok, túl vannak ezeken.

Beszéljünk arról, hogy a Föld DNS-e mint hologram van jelen, hiszen, mint tudjuk, tudati kivetülésről beszélünk. Szó volt már arról is, hogy a Föld tudata mikor elfordul önmagáról, gyakorlatilag megszűnik létezni, de ugye tudjuk, hogy abban a pillanatban összpontosul is, és máris jelen van önmaga tudata számára. De ez csak az én szemszögemből van így.

Mivel én nem érzékelem a tér és az idő hatását, csak egyszerűen jelen vagyok mindenben, így érzékelem azt a pillanatot. Innen, ahol én vagyok, ez a végtelen pillanata, vagy nevezzük örökkévalóságnak, hogy jobban fel tudd fogni a szavaim.

Nos, ez azt jelenti, hogy amikor arra fordítom tudatosságom, hogy a Föld bolygó épp elvonatkoztat önmagától, akkor az azt jelenti, hogy nem is létezik!

A Föld DNS-e – ami tudati kivetülése a kristálytudatnak, ami gyakorlatilag összetartja a mindenséget – amikor atomjaira hullik szét, olyan szinten fókuszál is, hogy gyakorlatilag lehetetlen, hogy megszűnjön létezni és önmaga maradni!

Ez a hologram az, ami olyan rendező erővel bír a tudati kivetülés által, hogy a Föld soha nem tud megszűnni létezni önmaga számára, mert akkor is jelen van önmagában, ha épp nem fókuszál. Újra és újra álmodja önmagát!

Tudjuk azt, hogy van a tudatnak egy olyan frekvenciája, amelyet ti álomnak neveztek. Tudjuk azt is, hogy ott is folyik a létezésetek teremtése egyéni, illetve kollektív tudati szinten. Egy magasabb dimenzióból nézve nincs különbség az álom és a valóság között. Attól függ csak, honnan nézzük!

A Föld bolygó az alatt az idő alatt is, amelyet önmaga tudatán kívül tölt – de mégis marad önmaga tudatában –, teremti a létezését. Pont úgy, mint ti is teszitek: újra álmodja önmagát. Ebbe természetesen belesegít a már többször említett kristálytudat, amely segíti a bolygót tudata önmagára fordításában.

Na már most, abban a pillanatában, mikor ismét önmagára fókuszál – amikor visszatér az álmából –, az önmagán kívül töltött időből visszatérve tudatának rezgése változik, amely az átalakulását egy magasabb, önmagában lévő tudatszintre lépését jelenti.

Ez azzal jár, hogy – mint anyag – változnia kell ahhoz a formához, amely illeszkedik az egyre magasabb rezgéséhez. Ezt az „illeszkedést" nevezitek természeti katasztrófáknak.

Hozzáteszem, a Föld bolygó nincs veszélyben, soha nem tud megszűnni létezni, csak magasabb rezgésszintre emelkedik. Azok a dimenziók, amelyek akkor válnak érzékelhetővé, mikor a Föld épp nincs önmaga tudatában, szintén hatással vannak a rezgésváltozásra. Ezekből a dimenziókból kapja a növényvilág is azt az energiahullámot, mely élteti és megteremti őket. Teljes egészében tudatában vannak a fejlődésüknek, növeke-

désüknek. Energiájukat ezekből a számotokra nem ér-
zékelhető valóságokból nyerik.

Ezek számotokra felfoghatatlan érzékelések, de jó
úton haladtok a megértés és egy nyitottabb, befogadóbb
létezés felé. Mindezeknek a befogadása – amikről most
beszéltem – a tér- és az időfogalmaitok és -érzékelései-
tek miatt nem teljes. Nem baj, a szavak mögötti energia
az, ami a lényeges! Tartsd fókuszod a mindeneket meg-
teremtő tudatosságon!

Roth szavai számomra felfoghatatlanok voltak, bár ko-
ránt sincs vége a beszélgetéseinknek. Itt, a patak mellett,
a kedvenc helyemen gondolkodom most is arról, amik-
ről beszél. Valahogyan nem tudom a létezés pillanatait
olyan magas rezgésszinten megélni, mint ahogyan ő ta-
nítja, de szerintem nem is kell! Elég, ha önmagunkban
élünk meg olyan belső határtalanságot, amelyben – még
ha pillanatokra is – megtapasztalhatók lesznek a létezés
tágabb valóságrendszerei.

– Én sem arról beszélek, hogy a szavaim után kellene
élned! Viszont választhatod a létezés azon aspektusát,
ahol határtalanságod érzékelhetővé válik. Nem kell fél-
ned, hogy elveszel önmagadban, mert a földi korlátaid
ezt törvényszerűen nem engedik. Azért néha elenged-
heted önmagad! Ne tartsd olyan mereven magad, a de-
rékfájásod is megszűnne!

A „ne tartsd olyan mereven magad" alatt azt értem,
hogy engedd magad hibázni! A hiba is csak a ti létezé-
setekben tapasztalható fogalom, magasan fejlett tuda-
ti létezésben nem teremtenek alacsonyan rezgő érzelmi
energiát. Egyszerűen lehetetlen!

Persze ehhez idő kell, és rengeteg tapasztalás, amíg ti is hagyjátok áramolni önmagatokat egy olyan érzelmi hullámban, amely megteremti a magasabb tudatot. Igen, mert ez „fordítva" is lehetséges: az érzelmek rezgése tudatot teremt. Gondolom, ezt már észrevetted! A tudatnak van egy olyan érzékelhető tartománya, amely bennetek is jelen van. Ez sem lehet másképp, hisz' a Teremtőből teremtett magok vagytok ti is! Ugyanúgy bennetek is érzékelhető pl. a Föld DNS-tartománya, mert az egység tudata tartja össze. Azért mondok tartományt, mert a szó pontosan lefedi most itt azt, amit mondani szeretnék.

Ezt érdekességből említettem, mármint azt, hogy a szó lefedi a mondanivalómat. Így legalább a figyelmed rezgései most körülötted maradnak, nem kell – hát, hogyan is fejezzem ki szavakkal úgy, hogy az számodra is tetszetős legyen... – mondjuk a lelked szerelméhez sietned a figyelmed fókuszának egységben tartásához. Remélem, tetszik a kifejezésem!

Megjegyzem, valóban nehezen megy sokszor. Nehéz energiák ezek, ezért bátran kérj segítséget, ha úgy érzed, szükséges! A kérés egyébként nem az erősséged. Erre is értettem az előbbiekben, hogy ne tartsd olyan mereven magad.

Ezen okból is üdvös lehet számotokra, ha olykor-olykor tudatosan önmagatokba fordultok, megtapasztalva a határtalanságotokat – eltekintve a nehéz anyagi testetektől, megkönnyebbülést keresve egy korlátlanabb önvalóságotokban. A korlátlanságból, a végtelenből, a megfogalmazhatatlan ürességből, a csendből született a létezés! Az ige, mely a legnagyobb tudatosságot hozza el nektek, a VAGYOK!

A VAGYOK a legnagyobb frekvencián rezeg, persze itt a szó mögötti, teremtő energiára gondolok. Ezekkel a finomabb rezgésekkel, amik azokból a szavakból áradnak, melyeket most leírtunk, hangollak rá a mai mondanivalómra.

15. beszélgetés

Üdvözöllek!

Folytatjuk a létezés frekvenciájáról szóló beszélgetést.

Érzékelésed egyre tisztább, és érzed, ahogyan energiám számodra változó intenzitással és érzéssel mozog. Ez az én rezgéshullámom, az én frekvenciám, amelyet kibocsátok magamból, de természetesen ebből csak annyit tudsz felfogni, amennyit az emberi korlátaid lehetővé tesznek.

A létezés egészével, a mindenséggel a DNS-eden keresztül kommunikálsz. Erről már volt szó, hogy a DNS-ed a köldökzsinórod az Istenhez, az isteni létezéshez, a mindent magába fogadó szeretethez. Úgy is mondhatjuk, ahhoz, aki te magad vagy! Tehát így a DNS-ed sem lehet más, mint a gondolataid és érzelmeid rezgéslenyomata, aki te vagy, épp itt és épp most!

A spirál alakja magában hordozza a változás, a fejlődés magját: az isteni éned megtapasztalása által, a befogadáson keresztül, egyre magasabb frekvencián mozogva. Ez a szeretet evolúciója, a létezés frekvenciája. Számotokra ezek elérhetetlen tartományok, mert az emberek tudatszintje nem tart még a befogadásnál. Ez nem baj!

Az élet örökké változik a most pillanatában, ezért végtelen az időtök a tapasztalásra. Ha kifelé tekintesz, és úgy méred az időt, gyakorlatilag az egész földi létezésed önmagadon kívül töltöd! Viszont ha csak pillanatokra is sikerül a most pillanatát megélned, megtapasztalod, hogy végtelen idő áll a rendelkezésre anyagi testedben eltöltve, elveszve a most örökké tartó pillanatában. Ezek a pillanatnyi megtapasztalások olyan frekvenciára emelik a létezésed, hogy nincs olyan földi elixír, mely gyógyítóbb lenne sejtjeidre, mint ez a pillanatban való elmerülés.

Olyan energiához jut tested, amely kimossa az érzelmi rezgésréseidből az elhasználódott energiát, amely zavart kelt a szervezetedben. A legnagyobb gyógyító erővel rendelkezik! A tudatosság útját járva egyre közelebb kerültök ezen igazságok befogadására, de az emberek kollektív tudata a Föld bolygón a tudatosság ezen szintjét sajnos nem fogja elérni. Nem is kell, hisz' a változás örök és véget nem érő!

Nem ezért jöttetek erre a bolygóra, hogy valamit befejezzetek; itt az anyagban való tapasztalás az, ami a tudatnak a legnagyobb fejlődést adja. Tökéletes az út, amit jártok! Ennél teljesebb nem is lehetne, mert a teljesség, ami van, kizárja azt, ami nem létezik. Ezért, csak a VAGYOK frekvenciája létezik. Tartsd fókuszod a létezésed tökéletességéhez itt és most!

Nos, visszatérek a Föld DNS-éhez és az azt rendszerező egységhez, a tudati kivetüléshez. A tudati kivetülés abból a kozmikus egységből jön létre, mely a bolygókat is a pályájukon tartja. Ez az elektromágneses mező a létezés teremtésénél használt gondolati kivetülés rezgéslenyomata. Ez a lenyomat a Teremtő tudatában van jelen a kezdetek óta. Mivel túl van a tér és az idő fogalmán, az emlékezet határtalan marad, és mint hologram marad meg a létezésben.

Ez lesz az állandó változásban lévő változatlan, mert az időnélküliségben a teremtés pillanata megáll, mert elvész belőle az idő. Ezért a létezés, vagyis a VANság, állandó lesz. Ahhoz, hogy érzékelni tudja önmagát, kell, hogy megtapasztalja az idő korlátait, hogy az ellentétekből örökké megújuló erővel vetüljön kifelé a mindenség tudata önmagából.

A kozmikus egység pedig nem más, mint az az energiamag, amely önmaga megteremtésének pillanatában szétszórta a teremtésre felhasznált energiáját. Ez az energia most is jelen van a mindenségben, útja korlátlan, ez az eredet fénye, sebessége pedig az az erő, amelyet a teremtése pillanatában használt.

Tehát az energia útjára bocsátása fénnyel jár, sebessége pedig egyenlő annak a fénynek a sebességével, mely olyan intenzitású, hogy amikor önmagából leválasztja részeit, olyan gyorsasággal történik, amely kívül esik a teremtés tudatán. Tehát a fénysebesség nem más, mint az az energia, amely a teremtés pillanatában öntudatra ébredt rezgésrészecskék önmagukba való tudatosulását jelentik.

Ez a tudatosulás azt jelenti, hogy a tudat feloldódik önmagában. Ez olyan sebességgel történik, hogy a tudatosodás és az öntudatlan állapot között gyakorlatilag nincs hézag, mert az egységtudatban játszódik le. Erre mondjátok, hogy nincs más, csak az egység! A tulajdonsága viszont az, hogy a figyelem hatására öntudatra ébred, s így keletkezik olyan rezgésrés a teremtő magokban, melyek egy új határtalan dimenzióvalóságot teremtenek meg önmagukból.

Na már most, ezek az elkülönült valóságok azok, amelyek kiszakadtak a figyelmük által az egységből, de persze az időtlenségből teremtették meg önmagukat – mely úgyszintén az állandóság és a csend a rezgésrésekben –, a gondolat sebességével megteremtődött valóságot. Ez az elkülönülés. Nem létezhet egyik a másik nélkül.

16. beszélgetés

Üdvözöllek!

A tudat önmagára ébredése a valóságrendszerekben.

A rezgésrésekben a tudat olyan valóságot hoz létre, amely egy térnélküli valóságmátrixot teremt meg maga körül. Ekkor már olyan tudati összpontosítással rendelkezik, hogy képes a teret formálni, ami azt jelenti, hogy egy zárt rendszerbe tudja alakítani.

Ezek a zárt rendszerek azt jelentik, hogy meg kell teremtenie önmagának egy üres térből azt, aki ő maga lesz a „korlátolt" valóságrendszerében. Ez azt jelenti, hogy úgymond behatárolja önmagát. Tulajdonképpen ez az önmeghatározásnak az első gondolata! Itt olyan energiákat kell a figyelme által megteremtenie, hogy egyszerre jelen tudjon lenni a semmiben, de ugyanakkor megtartsa a figyelme korlátait is.

A figyelme korlátai lesznek azok a tudatán kívül eső rezgések, amelyek azt a mintát teremtik meg a tudat számára, mely akkor válik érzékelhetővé, amikor az öntudatára ébredt részét áthelyezi arra a valóságra, amelyet a figyelme átlép, azaz azt a határt, melyben összpontosulni tud önmagára. Mert az energia, vagyis aki ő maga, mindenek felett áll – mindent magában foglalva.

Itt még mindig a térnélküli valóságában lebeg, de már olyan energiákkal, amelyek olyan rezgéstartományt hoznak létre a figyelme által, hogy tudatába kerül kettős természetének.

Na már most, tudjuk, hogy önmaga fókusza túl van az általa teremtett korlátokon, amelyek ahhoz kellenek, hogy öntudatra ébredjen, hogy meg tudja határozni önmagát. Itt már úgy érzékel, hogy távolság van közte és a figyelme által be nem határolt rezgés része között, ami ugye a mindenség. Ahhoz, hogy ezt tudatába foglalja, érzékelnie kell a távolságot a két önmaga között!

A távolság most az a kifejezés, amit ti használtok erre a tér meghatározásában. Ez a tér az, amelyet a tudat arra használ, hogy fókuszát elérje azokban a valóságrendszerekben, ahol nem tudatosult önmagára. Viszont azt már tudjuk, hogy a figyelem fókusza gyakorlatilag egy pillanat műve, amely elveszik az örökkévalóságban, pont e kettős természete által.

Ezért mondom, hogy a jelen, a most pillanata az, ahol a létezés érzékelhetővé válik, mert a tudatból kiáradó gondolatot önmaga elé helyezve térben és időben távolságként érzékeli, amelyhez idő kell, hogy megtegye, így kívül maradva azon az energián, amely a mindenek magját hordozza a teremtésben.

Ezért a teremtésetek a földi létetekben is lassabban alakul anyaggá, mert elválasztjátok magatokat attól az energiától, amellyel teremteni tudtok; tehát önmagatoktól!

Azaz a tér fogalmi valósága nem más, mint az az energia, melyet a tudat arra használ fel, hogy a korlátain túli létezését a gondolati sebességgel elérje. Ez, tudjuk, hogy csak akkor lehetséges, ha elkülönültként éli meg önmagát attól a rezgésmagtól, aki valójában ő maga. Erről már volt szó korábban.

A gondolat pedig maga a teremtő, tehát a VANság, amely nem kötött sem térhez, sem időhöz, meg kell, hogy tapasztalja önmagát, azokat a valóságrendszereit, amelyeket a tudati kivetülése által megteremt önmaga számára! Ez egy pillanat az örökkévalóságában, a végtelen időben, a tudatban pedig emlékezetként van jelen. Ezért mondom, hogy nem létezik tér és idő, de a ti valóságnak elfogadott rendszeretekhez hozzátartozik a megtapasztalása. Most már ismered kettős természetét.

17. beszélgetés

Üdvözöllek!

A tér haladási sebessége az időben.

Mivel a tér és az idő valóság nélküli tartalmában elvész a gyorsaság, mint haladási sebesség fogalma, ettől függetlenül kell, hogy szóljunk róla, mert a teremtés – az anyagban való megtestesülés – egyik hullámaként jelen lévő, változó rezgésmagról van szó.

Van egy olyan határtalan tartalom az Univerzum rendszerében, mely duplán foglalja magába azt a haladási sebességet, amellyel a tudat egyetlen rezgésmagja a gondolat sebességével körbeutazza az Univerzumot, azt a határtalan létezést, amely mindent magába foglal.

Van egy olyan rendszer, amely a korlátain túli, de persze a korlátait gyakorlatilag a tudat szabja meg magának. Mert ha úgy nézzük, hogy valójában minden a tudati kivetülés által kap létezést, akkor természetességgel állíthatjuk, hogy minden, még maga a gondolat is lehet illúzió, mert nincs egy állandó, meghatározott pontja, mivel a tudat energia, így magából is csak azt tudja elképzelni, ami energia.

Azt viszont tudjuk, hogy az energia a figyelem által kapja meg azt a valóságot, hogy magára nem mint egy illúzióra tekint. Így, ha már valóságosnak képzeli a létezését, a létezés nem létezik, hanem álmodja önmagát. Gondolj bele, hogyan is létezhetne annyi formában, ha csak abból indulsz ki, hogy egyvalami VAN, a többi csak illúzió, hiszen kívül esik önmagából!

Itt kap értelmet az az elgondolásotok, hogy a teremtés nem ismeri a jó és a rossz fogalmát, mert a tudatán kívül esik. Hát persze, hiszen ő az egység, a VANság, és minden, ami nem ő, bármi lehet! Nem szab határt neki, hiszen ő elengedte szabadjára a tudata egy részét, hogy tapasztalja meg önmagát, s a végtelen térnélküliségben teremtse meg azt, akit ő saját magának gondol.

Ha értelmezhetetlenül hangzik neked az, hogy az időben halad a tér és nem fordítva, akkor beszélek most róla.

Tehát tudjuk, nincs tér és idő a tudatban. A tudat csak VAN! Az az energia, amelyet arra fordít, hogy VAN, teremti meg azt, hogy soha nem szűnik meg létezni. Ez a figyelemenergia.

Ha most lassítva tudnád érzékelni, mint egy képet, az válna láthatóvá, hogy a tudat elfordítja figyelmét önmagáról, s ekkor érzékelhetővé válik számára korlátlansága. Azonban abban a pillanatban, ahogyan öntudatára ébredt önmagán kívül, máris visszafordul tudata önmagába, de ez olyan sebességgel történik, hogy gyakorlatilag egybeesik azzal az idővel, amely arra halad a térben, ahol eléri azt az úgymond távolságot önmagától, hogy a tudata által, figyelmével a térnélküliségben megteremtsen egy olyan valóságrendszert, hogy bármikor visszatérhessen oda.

Hiszen kell, hogy korlátok közé tegye be önmagát akkor, amikor útjára indított egy figyelem-energiahullámot. Ez a figyelem-energiahullám pedig az a tér lesz, amely a két önmaga közötti távolságot a figyelmével megteszi. Mint tudjuk, ez olyan sebességgel történik, hogy nem is válik érzékelhetővé!

Tehát a tér haladási sebessége gyakorlatilag a tudat önmaga két pólusának a figyelme által megtett idejét jelenti abban az időegységben, míg önmaga tudatán a korlátolt létezésében öntudatra ébred.

Tehát ha a tér haladhat az időben, márpedig ez így van, akkor önmagatokon belül olyan távolságokat tudtok megtenni – mert a figyelmetek által ti lesztek a tér, amelyet a tudat meghatározott önmagából önmagának –, hogy a térnek a két pólusa, amelyet akár nevezhetünk a kezdetnek és végnek, önmeghatározása által megtett időbeli távolságát rendszerezi egyetlen egységbe, mégpedig önmagába.

Ezen az elven alapszik az időutazás. Ez szolgálhat majd alapot arra, hogy ti is megteremtsétek magatoknak azt a tér és idő nélküli valóságot, melyben bármikor bárhová eljuthattok az univerzumban. A magasan fejlett civilizációk is így „közlekednek". A Föld bolygó létezői nem fognak a tudat ezen szintjéig fejlődni, nekik nem ez a dolguk. A létezés egy más formáját és fejlődését kell megteremteniük! Viszont tudatára kell, hogy ébredjenek a létezés magasabb szintű dimenzióinak! Ez a rezgési valóságot jelenti.

Kösd le gondolataidat a belső teredben, tartsd a jelenben, ugyanakkor képzeld el a határtalan teret, amely benned van jelen, s járd be ezt a két pólusod! Ez lesz az egyik mátrix, melyen haladsz, de létezik egy másik, melyen te, mint már tér-egység haladsz az időben előre, vagy akár hátra. Ez az idő a benned lévő távolságot jelenti, amely párhuzamosan halad abban az időben, ami a teret, vagyis téged foglal magában. Tehát mint tér haladsz az időben, de mivel az idő valójában csak önmagadon kívül létezik, és most elkülönült létezőként tapasztalod meg önmagad, akár jó utazgatást is kívánhatok a legközelebbi találkozásunkig!

18. beszélgetés

Üdvözöllek a tudatom végtelen tartományában, mint gondolatok nélküli létezőt!

A gondolatok zárt rendszerében olyan teremtő energiák vannak „parlagon", amelyek olyan rendszert képeznek benned, ahol teljes mértékben tapasztalhatóvá válik az általatok „én"-nek, vagy egyénnek tévesen megfogalmazott földi lényegetek.

Tudjuk, hogy a gondolat energia, így magatokat a gondolataitok által megteremtett energiamezőbe sűrítitek, ami nem a valós eredet! Persze az teljesen más kérdés, hogy ezt ti hogyan tapasztaljátok meg. A gondolat sem az, aminek ti valójában ismeritek. A gondolataitok mögött olyan végtelen tartományok válnak elérhetővé, ahol pl. a számok kapnak megtestesült formát az általatok valóságként behatárolt térben és időben egyaránt.

Nézzük meg a számokat, mint rendszert! Volt róla szó már korábban, hogy a teremtés, vagyis a Teremtő önmagát használja fel arra, hogy megtapasztalja a rajta kívül eső dolgokat. Ezt viszont nem bízza a véletlenre, ezt értheted szó szerint is! Ami természetesen azt jelenti, hogy az mellett, hogy öntudatlan mámor-állapotban sokszorozza meg önmagát, mint tiszta gondolat-energia, közben mértani pontossággal teremti meg a körülötte lévő Univerzumot. Nem bonyolult dolog, hiszen csak magával kell számolnia.

A teremtő energiának van egy még kisebb része, amelyre figyelmet fordít, de ez számára is alig érzékelhető. Ezért válik olyan rendszerré, amelyben a saját létező tartományait egy egységbe tudja foglalni, mert ugye tudjuk, nincs más, csak az energia. Ez olyan elektromágneses hullámon közlekedik, amely elér egy számára már a gondolat által megteremtett létsíkmezőt, ahonnan mint információ érkezik vissza az az energiahullám, amellyel a rendszereket megteremti. Ezeknek úgymond elkülönülten kell létezniük ahhoz, hogy megtapasztalja ezen rendszerek kvantummozgását.

A kvantummozgás alatt a finom részecskéket értem, a gondolati energia mögött lévő legkisebb tartományban, ami persze az én valóságomban nem helyén való megfogalmazás, hiszen a legkisebb kvantumrezgés mögött is végtelen tartományok vannak.

Éppen ezért olyan számításokat kell végeznie a teremtő tudatnak, hogy tudja, merre tágíthatja önmaga gondolati megtestesüléseit. Vagyis: meddig engedheti önmagát tágulni abban a térrendszerben, amelyben az időt használja fel arra (tudjuk, nincs tér és idő a valóság ezen rendszereiben, csak, mint már mondtam, az érzékelést határoljuk be vele), hogy gondolkodjon, vagyis kiszámítsa a térben elfoglalt helyét.

Ezekben a mátrixokban – ezt úgy képzeld el, mint egy hengerformát – vannak azok a kvantumrezgések, amelyeknek benne kell maradniuk ebben a térben. Viszont ez nem történhet másképp, mint ennek a legkisebb létezőnek a rendszerbe foglalásával, ami természetesen szintén energia, mert tudjuk, hogy minden az.

Viszont ahhoz, hogy ez az energia megmaradhasson önmaga számára a teremtés számításában, kellett, hogy részecskékre bontsa önmagát. Ezekből a részecskeenergiákból lett olyan rezgésrendszer, amelyeket ti számoknak ismertek fel a létezésben. A számok, vagyis az erre lefordított energia az Univerzum teremtésétől jelen van, mert ezen alapszik.

Így nem titok az, hogy a számok mögötti energiával teremteni tudtok, de nem csak oly módon, ahogyan ez ti képzelitek. A számok mögötti energia az, amely a figyelemenergiátokkal érzékelhetővé válik, viszont mint minden, a kettősség elvén alapszik, hiszen tudjuk, hogy ez már a teremtésben, vagyis a Teremtőben is jelen van.

A szám, mint a teremtés rendszere, szintén a figyelem által válik formává vagy fogalommá.

Tehát az általatok ismert fogalom, mint számok, olyan zárt rendszerben létező, sűrített kvantumenergiamezők, melyek szükségesek ahhoz, hogy a Teremtő, mint gondolat, olyan valóságrendszert hozzon létre, ahol az általa teremteni kívánt, rezgésmagjának kivetülése számára még érzékelhető közegben maradjon. Abban a pillanatban, ahogyan teremt, az energia sűrűsödik, ami ahhoz, hogy megmaradjon, bizonyos különálló rendszerekbe csoportosul.

Természetesen ezen rendszerek is kapcsolatban vannak egymással, és végtelen más és új rendszerekké formálódnak. Minden egyes galaxis vagy csillagrendszer ezen az alapon létezik.

Valójában ti is részesei vagytok a teremtésnek azzal, hogy a számrendszereiteken keresztül fenntartjátok ezen kvantumtörvényeket. Tehát az Univerzum teremtésének ti is részesei vagyok, mivel csak energia az, ami van.

Ti ezt nem tudjátok teljes egészében befogadni, mivel határtalan, mint ti is, de a földi megtestesülésekben korlátként élitek meg a tudatotokat, így használtok különböző eszközöket – pl. a számokat – arra, hogy a létezés sose tudjon megszűni létezni. Mert használjátok az energiát a figyelmetek fókuszával.

Egyébként azért kezdtem ma azzal, hogy gondolat nélküli létezőként üdvözöltelek, hogy a beszélgetésünk alatt meglazítsam a gondolataid által megteremtett valóságodat.

Aki ezeket a sorokat olvassa, mind részesül bennem, mert teremtő figyelmünk találkozik. Végtelen szeretet és rendezettség árad az Univerzumban, és felétek is. Mivel érzékelem gondolataid, válaszolok a ki nem mondott kérdésedre: csak épp, hogy érintettük a teremtés eredetét. Erről ennyi energiát tudtok befogadni. Többször elmondtam már: a szavak mögötti energia az, amely a lényeg! Az energia pedig soha nem ér véget, így a mi beszélgetésünk sem. Arra gondoltál, miről tudunk még beszélgetni.

Fogunk még részletesen a csillagrendszerekről, galaxisokról, más rendszerekben létező tudatokról, arról, hogy mi van a fekete lyukon túl, és például arról, hogy amit most írunk, alapul és tudásul fog szolgálni a teremtés megértésében. Sőt, mondok még érdekesebbet: tankönyv lesz majd a beszélgetéseinkből! Egyelőre ennyit!

19. beszélgetés

Üdvözöllek!

Térjünk vissza oda, hogy a Teremtőnek a saját valóságrendszerében csak önmagával kell számolnia. Induljunk ki onnan, hogy csak a Teremtő létezik, rajta kívül semmi más nincs, mert csak a teremtés van.

Azokban a rendszerekben, ahol nem tudatosul önmagára a gondolat, vannak azok a megszámlálhatatlan kvantumrezgés-részecskék, amelyek a figyelem által olyan csoportba rezegnek össze, ahol megalkotják maguknak azt a teret, ahol megmaradhatnak a teremtés emlékezetében. Ez azt jelenti, hogy figyelmet fordít rá, tehát számításba veszi a létezését, de csak egy lehetséges rendszeren belül.

Ezt nevezitek ti lehetőségnek, mellyel számolni tudtok. A teremtés ezt nem fogadja el, mint egy valóságos létezőt, csak mint lehetőségét tartja fent a figyelmével. Ez a rendszer a számításai alapján akár valóságos is lehetne. De nem teszi, mert akkor az az energia már egy halmazba sűrített állandó változatlan rendszerré válna, ami ugye ellentmond annak, hogy a teremtés minden pillanatában változik. Ezzel számolnia kell!

Van egy elsődleges gondolata, mely olyan sebességgel halad az Univerzumon keresztül, hogy gyorsabb, mint a fény eddig ismert sebessége. Ezt most nem tudjátok befogadni, ezért úgy képzeld el, hogy olyan sebességgel halad, hogy útjában vissza önmagához találkozik azzal az önmagával, akit útnak indított!

Gyakorlatilag az utazása önmagában játszódik le, mert valójában nem halad semerre, csak áll egyhelyben, de legalábbis mozgása olyan gyors, hogy pont ezért válik érzékelhetetlenné önmaga számára is. Viszont a mozgása akár valóságos is lehetne. Most nem véletlenül használom a feltételes módot a közlésemben, mert mindent a lehetőségek számításába veszek.

A számítást sem véletlenül mondom, mert mint gyorsulási hullám, olyan mezőket hoz létre önmagában, hogy minden pillanatban, tehát az utazása egész terében és idejében, olyan rendszerek alakulnak ki, amelyek szintén tovább bonthatóak a végtelen térben és időben. Itt gondolkoznia kell, meddig tarthat ki egy gondolata a térben. Valahol meg kell, hogy álljon, hogy behatárolja önmagát!

Az önmagával való számításai alapján nincs más viszonyítási pontja, ezért rábízza a véletlenre a teremtést. Viszont mikor az előbb említett gondolat sebességével találkozik önmagával, abban a pillanatban önmaga tudatára ébred, és akkor olyan energiák szabadulnak fel, amelyek már egy tudatos teremtést hoznak létre. Felébred öntudatlan álmából...

A létezésben a kettősség innen ered. Az öntudat állapotában – amely ugyanolyan végtelen, mint az öntudatlan teremtése –, abban az állapotban, amely az én szemszögemből nézve akár mint egy állandó változatlana is lehetne a teremtésnek, olyan számotokra felfoghatatlan tudatossággal teremti a létezést, hogy létrehozza a kvantum – ZEIRAH – rezgést!

Ezt ti nem ismeritek még a Földön, mert nem tudjátok mérni. A neve mögötti rezgésenergia az, amely a lényege! Ez a ZEIRAH rezgés az alapja annak az energiának, amelyet Teremtőnek neveztek. Mivel tudjuk már, hogy a teremtés nem a zárt rendszereit használja fel a térben való elhelyezéséhez, mellyel számolnia kell, ezért teremti meg azt az energiát, melyet ti számoknak neveztek. Eredendően ez a ZEIRAH rezgés energiája. ZEIRAH... nem tudjuk szavakba foglalni...

20. beszélgetés

Üdvözöllek!

Azok a legkisebb kvantumrezgés-részecskék, amelyek a Teremtő tudatán kívül összpontosítanak önmagukra, egyszerre vannak jelen egy halmazban csoportosulva, mivel a tudat minden irányú kivetüléséből megtalálják a számukra megfelelő rezgésrést, ahol találkozni tudnak egymással.

A tudatnak végtelen sok megnyilvánulási formája van, amelyek e különálló rendszerekből teremtik meg azt a hálót, amely a tudat figyelmén kívül is egy valóságrendszert alkot. A valóságrendszer – még ha látszólag kívül is esik a teremtő tudaton – soha nem tapasztalhatja meg önmagát egy elkülönült valóságként, mert minden az egységből van, és a teremtett térben egy öntudatlan állapotában megsokszorozva önmagát tartja figyelmét, mint rendszert, az eredendő gondolaton. A létben való fennmaradását teremti meg ezzel. Mégpedig azért, hogy a teremtő tudatot is egy bizonyos fokig korlátok közé tegye!

Ha ez nem így lenne, a Teremtő olyan erővel sokszorozná meg önmagát, hogy képes lenne saját magát meg nem történtté tenni! Ezért kell a már elkülönült kvantumrezgés-részecskéknek a figyelmét az eredendőre fordítani. Egyrészt azért – amiről már írtunk –, hogy megtapasztalja önmagát térben, és itt, ahol a távolságot is érzékeli abban a hullámban, amelyben a Teremtővel egy folyamatos kommunikációs csatornát tart fent. Ebben a hullámban az öntudatlan rendszere árad a már tudatosult énje felé, és így kapja meg azt az információt, amely ahhoz kell, hogy számolni tudjon önmaga létezésével.

Az emlékezetében csak mint lenyomat marad meg az egy-egy tudatára ébredt része, ezért kell a folyamatos figyelemhullám a már elkülönült rendszereitől.

Ezek az elkülönült rendszerek olyan szinten tudnak egymásra és az eredendőre hatni, hogy a figyelemenergiával nem csak látszólagosan önmagám kívülre teremt, hanem magába is belehelyezi tudata egy részét. Tehát amikor a tudat önmagába fordítja vissza a figyelmét, ez olyan ráhatással történik, hogy úgy válik érzékelhetővé önmaga számára a mozgása, mintha megfordulna a figyelme önmaga körül. A tudata körbeutazza a már korlátok közé sűrített rezgésrészecskéit.

Ez a mozgása immáron állandóvá válik, mert kell, hogy állandó figyelmet fordítson azokra a fel nem használt energiahullámaira, amelyek megteremtik az állandó tudati kapcsolódást egymás között. Ezzel a tudati kapcsolattal tartja egységben magát. A már említett ZEIRAH rezgés az, amely a figyelme által ki nem töltött rezgés résekben olyan kapcsolódást teremt meg, hogy az eredendő mintájára létrehoz egy másik valóságrendszert, ami természetesen önmagán belül kap létezést, pont azért, amiről már beszéltünk: mert képes a tudat rá, hogy meg nem történtté tegye önmagát.

Gyakorlatilag bármikor dönthetne így, viszont ez ellentmondana az eredendő létezésének.

A tudat az önmagán belül megteremtett részeivel létrehozza azokat a rendszereit, amelyek a tudatán kívül eső, de már öntudatra ébredt részeivel olyan ponton találkoznak, ahol megteremti a tudat az állandó helyét a mindenségben.

Kell, hogy egy viszonyítási pontja legyen, ami akár saját maga is lehetne, de úgy határozza meg önmagát, hogy létrehozza azt az illúziót, amelyben elkülönültnek tudhatja magát! Ha ez nem így lenne, akkor a tudatban a figyelme által felhalmozott információk belesűrűsödnének egy olyan rendszerbe, ahol a tudat által létrehozott információhullám elveszne a végtelen térben. Nem ez a célja!

Azok a rezgésrések, amelyek minden irányból hatással vannak a tudat teremtő egységére, olyan erőhullámot hoznak létre, hogyha a tudat befelé fordítja figyelmét és nem érzékeli a térben önmagát, egyszerűen olyan könnyűvé válna – mivel a figyelem a legnagyobb erő a teremtésben –, hogy ettől elmozdulna a már kiszámított pályamozgásából. Ebben az esetben pedig újra kellene teremtenie önmagát. Viszont ezt csak mint lehetőséget tartja fenn, de nem számol vele. Ez a gondolata tartja fenn azt az elvét, hogyha minden az ő tudati kivetülése által kap létezést, ez olyan erővel hat vissza rá, hogy azok az útjukra bocsátott energiák olyan pályát teremtenek meg, hogy azok állandóan vissza is térhessenek az eredethez. Így alakítja ki önmagához azt a vonzást, hogy semmi sem kerülhet tőle olyan távol, hogy az elveszítené létjogosultságát azáltal, hogy elvész belőle az energia. Egyszerűen lehetetlen!

21. beszélgetés

Üdvözöllek!

Tehát tudjuk, hogy az energia nem vész el a mindenségben. Azok az energiahullámok, amelyek útjukban vissza az eredet gondolatához nem tudatosulnak a létezésre, egybeolvadnak az eredendő gondolattal. Viszont olyan információhullámmal érkeznek vissza, amelyet számításba vesznek abban a pillanatban, mikor az eredendő a befogadás tudatában van.

Ez azt jelenti, hogy olyan halmazállapotban tér visszsza, amelyből kiolvad az az információ, melyet a mindenség határtalan tartománya hordoz magában.

Megvan rá a tudati képessége, hogy kiszámítsa a magába foglalt energiákon keresztül azokat a határokat, melyeket a már jelen lévő tudat információként hordoz magában. Ezért okkal mondhatjuk, hogy a teremtés egy pillanat műve volt, vagyis a végtelen tudat önmagára ébredése.

Erre én azt mondom nektek, hogy a teremtés pillanata a már jelenlévő létezésnek a tudata által kivetített emlékezete.

Tehát akkor a teremtés, vagy nevezzük létezésnek, az ok-okozati összefüggésben mikor tudatosult önmagára? Talán a létezés is mint hologram van jelen egy olyan tudatból, aki kivetíti önmagából az egyik lehetséges variációját?

Ezek olyan felfoghatatlan fogalmi rendszeren belül léteznek, hogy az energiát a ti szavaitokkal kifejezésre juttatni nem lehet. Már csak azért sem, mert a tér-idő az én valóságrendszeremben nem létezik.

Ha a tudat sem az eredet – márpedig ha az energiahullámok olyan információval térnek vissza, nevezzük teremtő tudati energiának, ahol már számításba vettek olyan rendszereket, melyek információhordozók –, akkor hol is van a tudatnak a térben elfoglalt helye?

A mi Univerzumunk a tudatnak egy olyan holografikus rendszere, amelyen keresztül olyan frekvencián érkeznek az információk, melyek megteremtik azokat a látszólagos dimenziókat, amelyek az adott frekvencián mozognak. A ti szavaitokkal élve a „dimenziókapuk" azért nem nyílhatnak meg, mert azok az információk, mellyel meghatározzák önmagukat és egy zárt rendszeren belül mozognak, nem tudnak letérni a pályájukról.

Ez egyszerűen lehetetlen a tudatban! Egy zárt rendszernek megvannak azok a saját kvantumrezgés-részecskéi, amelyek nem a véletlen elvén működnek. Erről is volt már szó korábban.

Természetesen ez sem a végső információ, nem is lehet, mert a mindennek soha nincs vége, épp ezért kezdete sem! Ha belegondolsz, egy zárt rendszeren belül létező tudat hogyan tudna megnyílni? Sem ideje, sem tere nem lenne hozzá. Azt, hogy a tudat mit vetít ki önmagából vagy épp mit fogalmaz meg önmagáról, az adott pillanat dönti el, de tudjuk, hogy ez akár érvényét is veszítheti a következő létpillanatában.

Nincs rajtatok kívül eső tér! Tudjuk, hogy a teret is ti teremtetik meg önmagatokban, de csak akkor, ha az egységből kívülállóként tekintetek önmagatokra. A dimenziók bennetek léteznek, és létezésük a te fényedtől függ. Minél jobban ráérzel önmagadra, annál tisztábban tudod érzékelni a benned lévő valóságot, vagy akár illúziót.

Ezért ne fogadj el semmit válasznak, mert tudd, hogy mögötte létezik még valami! Ne állj meg semminél! Keresd a válaszokat, de annál inkább a kérdéseket! Ennél csak a csend mond többet...

A csendben, két szívdobbanás között, ha figyelsz, a dimenziókapudra rátalálsz. Ne kívülről várd! A kapuk maguktól soha nem nyílnak ki, ezt ne felejtsétek el! Addig, amíg arra vártok, hogy egy dimenzióból valaki rátok nyissa az ajtót, lemaradtok arról a lehetőségről, amelyet a mindenek tudata számításaiba vett.

Azt, hogy ha a mindenek tudatának egy kivetített gondolatai vagytok, vagy a Teremtő egy holografikus képe azoknak a tudati rendszereknek, melyből egy egységként tükröződik vissza az eredendő gondolat, akkor a Teremtő semmit sem fogad el valóságként!

Viszont azok a rendszerek, melyeken belül épp a valóságára figyel, egy olyan meghatározás önmagából, ahol a tévedést, mint lehetőséget kizárja. Ezért a dimenziók olyan zárt valóságrendszerek a ti földi tudatotok számára, hogy a figyelmetek energiája nem éri el azt az energiahullámot, mellyel önmagatokon belül járhatóvá válnának. Természetesen vannak kegyes pillanataitok, melyre épp nem figyeltek, vagy nem „hisztek" a tapasztalásnak. Ezek a megközelítések természetesen nem fedik a valóságot, mert az végtelen.

Mindig elmondom, és most is, hogy a szavaim mögött lévő energia az, amely közelebb visz hozzám. Azért fogalmazok így, mert épp aki most olvasod e sorokat, az energiámon keresztül találkozol velem. Bízom benned, hogy hasznodra fordítod!

A tudatunk egybeolvad egy végtelen tartományban. Abban, ahol egymás befogadása által egy új világot teremtünk. Ott, ahol egymásra figyelve megteremtjük azt a teret, ahol az energiáink találkoznak. Nem is lehet ez másképp!

22. beszélgetés

Üdvözöllek!

Örülök, hogy újra itt vagy, hogy ismét együtt teremthetünk a végtelen létezésben, vagy a létezés végtelenében!

Jobban szeretem az utóbbi kifejezést, mivel abban nagyobb lehetőségek rejlik egy teljesebb létezés kibontakoztatására.

A tudatotok végtelen, és a már említett vonzás törvénye miatt behatároljátok azokat a rendszereiteket, ahol még teremteni tudtok a figyelmetek által.

A valóságrendszerekben sem működhet semmi úgy, hogy a Teremtő ne venné számításba a lehetséges kimenetelét bármely, általa elgondolt összefüggésnek. Az öszszefüggés itt azért olyan fontos, mert azok a rések, ahol nincs meg az a teremtő figyelem, amely a létezésére figyelne – de erről már beszéltünk korábban –, a mindenek tudata alatt egy egységes rendszert képeznek. Egy másik világot, de az eredendő tudatból kivetítve.

Ez is egy egységet képez, melynek megvannak a magára jellemző és a létezését fenntartó kvantumtörvényei. Ezeket akár másodlagos törvényeknek is nevezhetjük, amelyeket a földi tudományotok bizonyos esetekben felismer, de feldolgozni információként még nem tudja. Ezek a másodlagos törvények azok, amelyek nem engedik a létezésetekről alkotott fogalmi rendszereitekkel való teljes azonosulást.

Mindig hiányozni fog valami, ami nem engedi, hogy a megismerésetek befejezetté váljon. Nem az a cél, hogy ezeket megismerjétek, mert ha ez így történne, nem lenne értelme, hogy a létezés fennmaradjon a maga tudatában. Érdektelenné válna önmaga számára, hiszen még ő saját maga sincs tudatában bizonyos rendszereinek.

Ezért határozza meg újra és újra önmagát, és figyeli korlátai lehetőségét. Azokban a rezgésrésekben, ahol a másodlagos törvények érvényesülnek, olyan tudati létezés van jelen, amely az adott dimenzióhoz tartozó tulajdonságokat teremt meg önmaga megismeréséhez. Ezek a dimenzióként összeállt rezgésrések olyan fizikai

törvényekkel léteznek, amelyek túl vannak a megisme-
réseket határain.

Itt vannak azok az információk, melyek az ún. felfe-
dezéseitekhez szolgálnak, szerepet játszva földi létezé-
setek mélyrehatóbb megismerésében. Ezek szintén in-
formációként jelen lévő rezgések, melyek elérhetetlenek
a tudatotok számára.

Viszont tudjuk azt, hogy minden tudati kapcsolat-
ban van egymással, és abban a résben is vannak tudatos
tudatok, melyek magukban hordozzák az információt.
Pontos számításba vesznek minden lehetséges történést,
ezért spontán módon sosem tudnak megnyilvánulni. Az
abszolút számításon alapulnak. Ez azt jelenti, hogy meg
van határozva az – itt a határ szó nagyon fontos! –, hogy
az információhalmaz mikor válik elérhetővé.

A ti dimenziótokkal nem egységben létezik, mivel
más elven alapszik, ezért kellenek azok a pontos számí-
tások, amelyek egybehangolják a két dimenzió tudatát.

Amikor ez megtörténik, akkor válik érzékelhetővé
az az információ, melyen az a tudati létezés alapszik. A
másodlagos törvények az alapja a ti elsődleges törvénye-
teknek a létezés meghatározásában.

Ez érdekesen hangzik így, viszont a létezésetek sosem
lesz érzékelhető egy olyan tudati megnyilvánulásban,
ahol önmagából létrehozott egy olyan rendszert, mely-
nek még ő sem ismeri a törvényeit. Ez a hatás-ellenha-
tás törvénye, és örökké a megismerés határán túl lesz.

Viszont ezek viszik előrébb a ti földi létezésetek fej-
lődését, mert kódolva van bennetek a vágy, hogy meg-
ismerést – mint fogalmat, pl. felfedezések –, vagy akár a
létezés törvényeiként szolgáló ismeretlenbe való bepil-
lantást nyerjetek. Nem fogtok sem előbb, sem később,

mint ahogyan az meg van határozva. Viszont ha a létezés már számításba vett mindent, akkor kellett lenni egy spontán létezésnek, amelyből a számítás megteremtetté vált! Erről már volt szó korábban.

De tudjuk azt is, hogy minden a figyelemenergiától, vagyis a kettősség törvényétől függ, így biztosra vehetjük figyelme fókuszát, de kiszámítani sohasem tudjuk. Tehát a számításaitokból sose hagyjátok ki, mint lehetőséget, a váratlan megvalósulást! Ezekben a szavakban nagy megismerés rejlik!

A váratlan megvalósulások újabb energiákat rendszereznek össze. Ez azt jelenti, hogy az adott energiahalmaz a saját fókuszával megteremtett tulajdonságokkal bír. Viszont ezek a tulajdonságok is változnak önmagukon belül, ami azt jelenti, hogy számukra is azok az oldalak lesznek érzékelhetőek, ahová fókuszálnak. Ahhoz, hogy a fókusz ne lépje túl önmaga határait, megalkotta a térben elfoglalt helyét.

Ez is bárhol lehet, ugyanis nem talált viszonyítási pontot ennek meghatározására. Teljesen rábízta ezen rendszerek megteremtését magukra a rendszerekre. Ugyanakkor teljesen tudatában volt annak, hogy mivé válhat; pont ezért hagyta meg önmagának is a választást, mint lehetőséget, hogy beteljesítse önmagát. Persze tudjuk, hogy a beteljesítés sosem történik meg, mert végtelen, illetve függ attól, melyik nézőpontból vizsgáljuk. Ezt ti ok-okozati összefüggésként ismeritek.

Mivel a beteljesítés sosem történik meg, így az okot és az okozatot sem tudjátok pontosan meghatározni. Viszont ezek a már megteremtett rendszerek egymástól függetlenül is léteznek. Ezek lesznek a valóságrendszerek. Ezek, számotokra felfoghatatlan módon, érintik a ti háromdimenziós földi létezéseteket.

Ez azt jelenti, hogy a dimenziók egybecsúszhatnak, vagyis egy ugyanazon megvalósulási ponton találkoznak. A találkozásuk pillanatában a fókuszuk magukba olvasztja azokat az információkat, amelyeket a másik rendszer hordoz magában. De mivel ezek a dimenziók egy másik hullámhosszon rezegnek, így nem tudtok ezekkel az információkkal mit kezdeni, sőt nem is érzékelitek őket emberként. Ezek nagyon finom rezgések!

Mikor a másodlagos rendszerbe átcsúszások vannak, akkor mondjátok azt, hogy számotokra valami megmagyarázhatatlan dolog történik. Ilyen átcsúszások vannak pl. a közismert és sokakat foglalkoztató Bermuda-háromszögben is. Felvetődik bennetek a kérdés azzal kapcsolatban, hogy nem minden átrepülésnél, áthajózásnál történik meg az, hogy hirtelen eltűnik egy hajó vagy egy repülő ott. A Bermuda-háromszög egy olyan hologramban van benne, mely a Föld DNS-ének egy pontos, kicsinyített mása.

Már azt is tudjuk, hogy a Föld DNS-e vízből és tudati információból áll. Hogy hogyan is kapcsolódik ez össze a Bermuda-háromszögben?

A tudatban minden benne van, egy egységben. Akkor tesz csak különbséget, amikor figyeli önmaga lehetséges változatait. Ez is két szinten történik: amikor önmagára figyel, vagy mikor fókuszát elvonja magáról. Azt is tudjuk, hogy – az én szemszögemből nézve – mindkét fókusz elvész az időtlenségben és megéli a maga valóságát. A rendszerek nem veszik figyelembe, hogy milyen tulajdonságokat hordoznak önmagukban a különbözőségeik okául.

Tehát ha a tudatban megjelenik valami, annak az energiája ott is marad. Azt is tudjuk, hogy az energia a tudat eredendő gondolata. Akkor, amikor a tudat – mely össze tarja a Föld DNS-ét – épp nincs önmaga fókuszában, tehát lélegzik, olyan nyitott rendszerré alakul át, ahol mint emlékkép él csak önmaga számára. Tehát nem lesz más, csak a hologram. Ez, mint tudjuk, egy semleges tudati állapotot teremt meg, ami kell ahhoz, hogy aztán ismét fókuszálni tudjon.

Ebben a szent pillanatában az elsődleges rendszerekből érkező információt átlényegíti egy olyan hatássá, mely szükséges lesz ahhoz, hogy tudatát még tovább tudja helyezni az erőterében. Ez akár a Bermuda-háromszög erőtere is lehet. Az erőt nem véletlenül mondom, mert ahhoz, hogy hatását elérje, erő kell, mégpedig egy erőteljes fókusz. Mivel nem számol a következményekkel, mert számára ez ismeretlen fogalom, az erőhatást, amire szüksége van, a durvább fizikai rezgésekből nyeri. Gyakorlatilag elnyeli ezeket a hatásokat.

Ezt egy szívórendszerként is elképzelhetitek, amely mindent magába szippant, úgymond válogatás nélkül. Egy olyan energiahullámba kerülnek például a repülők, amelyek azok a rezgésrések lesznek, melyre a tudat a teremtés pillanatában nem fókuszál. Mivel nem fókuszál, így azok nem is léteznek, tehát elvesznek a végtelen tudatban, egyszerűen megszűnnek létezni.

DE! Mivel a Föld DNS-e is egy hologram, egy tudati kivetülés, egy emlékezet, így létezése is pont annyira valóságos, mint a repülőknek az eltűnése egy másodlagos rendszerben.

Akkor hol vannak most? A mindenek tudatában, az emlékezetben, az időtlenségben? Akár!

Léteznek tovább egy olyan dimenzióban, amelyben az átcsúszás pillanatában érzékelhetővé vált tudati energiák egységes rendszerré alakulnak át. Ez már túl van az értelmezésetek határán...

Ismét elmondom, hogy szavaimon keresztül nem fogtok teljes megértésre találni. Itt van az, amiről beszéltem, hogy a létezésnek nem célja a mindenek megismerése, hiszen ő maga a minden. Ezért mindig meghagy egy rést, amely a vággyal a megismerésre teremthet meg válaszokat. De tudjuk, soha nem lesz vége, így a megértésnek sem. Ezért a szavak mögötti energia az, melyre ha figyelsz, elindíthat a megismerés útján! Folytatjuk...

23. beszélgetés

Üdvözöllek!

Mit is jelent az, hogy megszűnik létezni, ugyanakkor létezik tovább? A teremtés számára, mivel teremt, kell lennie valaminek, amiből kiindul!

Ez egy semleges állapot, a végtelen nyugalom hulláma. A semmi, és benne a minden létezése ébred tudatára. Ezért bármikor lehetősége van meg nem teremtetté tenni önmagát, és tudatát egy úgymond semleges állapotban tudni.

Meg is teszi ezt akkor, mikor fókuszát áthelyezi önmagáról, így abban a pillanatában nem is létezik. Megint fontos a megértésben az, hogy az ő szemszögéből nézve az a pillanat egy végtelen pillanat lesz, mely soha véget nem ér! Ugyanígy gondolkodik önmagáról, mikor teljesen tudatában van a jelenlétének. Ezért minden a választásától függ, viszont ez a választás egy meghatározott rendszeren belül működik.

Azokban az összefüggésekben, amelyek megteremtik a számotokra értelmezhetetlen történéseket, olyan energiafelületen találkoznak a rezgéshullámok, ahol egymás hatását semlegesíteni tudják. Viszont a semleges állapotából megvan rá a tudati energiája, hogy visszaállítsa az eredeti formáját annak, amelyből az önmeghatározása kezdődött. Ebben az ún. köztes létben teremti meg azokat a feltételeket, melyek lehetővé teszik a két irányban való létezést!

Mivel ezek a történések egy egységes tudatban játszódnak le, megvan az a tulajdonságuk, amelyek ahhoz kellenek, hogy egy meg nem történtté tett energiahullámból újra egy egységgé alakuljanak át.

Itt teljesülnek azok a feltételek, hogy a ZEIRAH rezgés által kibocsátott energiahullámok újra anyaggá változzanak. Ezen az elven alapszik a teleportáció is! A ZEIRAH rezgés a legerősebb teremtő energiával bíró a létezés egyensúlyban tartásában.

24. beszélgetés

Üdvözöllek!

Hogyan is lehetséges az, hogy egy meg nem történtté tett energiahullám újra jelen legyen a tudatban?

Tudjuk már azt, hogy a tudat képes arra – bizonyos feltételek mellett –, hogy úgy emlékezzen önmagára, mint aki meg nem történt a mindenségben. Azt is tudjuk, hogy ez nem lehetséges, mert minden van, és VANsága okául sosem tud megszűnni, mert van.

Viszont azokban a tudati rendszereiben, ahol épp nem fókuszál, olyan energiahalmazok vannak jelen, amelyek a gondolatát – mint egy öntudatára nem ébredt létezést – semlegesíteni tudják. Ez a tudati rendszereknek egy nagyon kollektív folyamata!

Teljes összhangnak kell jelen lennie ahhoz, hogy ezek a feltételek teljesüljenek. Ez a létezés hangja! Akkor, amikor a végtelen tudat ráhangolódik ennek a frekvenciájára, olyan erővel hat rá, hogy szó szerint elfelejtkezik önmagáról! Ez azt jelenti, hogy a tudat önmagán belül is képes egy magasabb frekvenciára hangolódni. Ez nem az a tágulás, amely úgymond a térben történik – de erről már volt szó részletesen –, hanem egy önmaga tudatát meghaladó frekvenciára hangolódás.

Ezekből az áthangolódásaiból teremti meg azokat a világokat, melyek ti nem ismertek, az álmaitokban viszont gyakran találkoztok velük. Ez akkor történik, mikor különlegesen szép helyeken jártok, intenzívebb formákat és színeket tapasztaltok. Ezeket ebből a kollektív tudati rendszerekből, információként érzékelitek. Amikor ebben az állapotában van a tudat – mert itt már nem csak egy egységként létezik önmagában, hiszen el tud vonatkoztatni önmagától –, azt a szintet, ahonnan eddig teremtett, nem veszi figyelembe.

Nem is történhet ez másképpen, hiszen ahhoz, hogy egy újabb tudati valóságot teremtsen meg önmagán belül, el kell feledkeznie eddigi létezéséről. Ez azt jelenti, hogy gyakorlatig meg nem történtté tette önmagát! Persze a teremtés rendszereiben ez mind csak a fókuszának az irányától függ, de mivel benne nem létezik a tér-idő, mint fogalom – csak tapasztalása önmagának a saját korlátain belül –, így a lehetősége mindig ott van arra, hogy visszafordítsa tudatát.

Viszont – mivel az örök változás az, ami van – így ezt nem teszi meg. Úgymond ráhagyja önmagát egy feltétel nélküli bizalommal önmagára. Szavakkal leírni a teremtés misztériumát nem lehet! Viszont te, aki most olvasod e sorokat, a teremtő energiát érzékelni tudod, és így nagyobb megértést kaphatsz a létezés kettős természetéről.

Azt, hogy ti mit tesztek hozzá vagy vesztek el belőle, a Teremtő teljesen rátok bízza. Nincs jelentősége, mert az ő tudatában nincs helye a kétségnek, hiszen egységben van önmagával! Ez akkor is így van, amikor épp nem fókuszál önmagára és csak a végtelen csend és üresség az, ami van. Ez az állapot is ugyanolyan valós, mint mikor a létezését tapasztalja.

Viszont amikor az üresség az, ami van, vajon lehet-e egy ürességben mégis valami? Létrehozhat-e az üresség önmagából úgy valamit, hogy semmi nincs benne, még a tudat fókusza sem? Igen! Márpedig ha a tudat önmagába fordított fókusza nem találkozik azzal az energiával, melyet arra használ fel, hogy abban is felismerje magát, akkor mint eredendő, nem kap létezést.

Mit jelent az, hogy mint eredendő, nem kap létezést? Hiszen tudjuk, hogy ő az eredendő, akkor mi az, ami rajta kívül esik, ami nem kap létezést?

Azok a kvantumrezgés-részecskék, amelyek a mindenek tudatának abból a tartományából kapták a teremtésükhöz felhasznált energiát, nem azonosulnak azzal a gondolattal, hogy ők nem részesei a teremtésnek. Nem fogadják ezt el valóságként, és mint mágnes, csoportosulnak azokban a rendszerekben, ahol mint üresség van a létezés jelen. Így teremtik meg azt a valamit, mely betölti azt a teret, ahová az eredendő nem összpontosította önmagát. Ezáltal olyan vonzást hoznak létre, hogy azok a hullámok, amelyek azonosulni tudnak azzal a már meglévő energia mezővel, újraírják a teremtést.

DE! Tudjuk a létezés kettős természetét, ezért azt a tartományt, amely eddig úgymond üres volt, már behatárolja valami. Nem kap teljes fókuszt az eredettől ez a tartomány, úgymond csak létezik. Ezek a rendszerek lesznek a másik Naprendszerek, melyek valódi tulajdonságai ismeretlenek számotokra.

25. beszélgetés

Üdvözöllek!

A tudatnak azon hatása, mely nem ér el egy olyan gondolati sebességet, mely a mindenség kvantumrezgései által csoportba sűrűsödött egységéből nem tud kiválni – viszont tulajdonságai különbözőek a többiétől –, megszűnik a létezésben maradni. Helyét olyan energiák töltik be, melyek egy bizonyos tulajdonságuk miatt épp azon csoportba szeretnének sűrűsödni, illetve beleolvadni.

De mivel ezek különböző tulajdonsággal is bírnak, az eredendő olyan formákat alkot meg a fókuszával, mely-

lyel az adott halmazon belül, egy zárt rendszerként meg-
maradnak.

Ezek a formák bármilyenek lehetnek, hiszen alkal-
mazkodnak az általuk behatárolt energiákhoz. Állandó
mozgásban vannak, helyezkednek, társulnak, és a rend-
szereiken belül is rendszerekké válnak. Teljesen tudatosak
a létezésükre a határaikon belül, s ha már egy egységet
alkotnak, nem nyitnak utat egy újabb energiamezőnek.
Tudatuk viszont önmagukon nem jut túl, marad ebben
a zárt rendszerben.

DE! Önmagukon belül teremtő erővel bírnak! Úgy-
mond szerves részei a teremtés azon rendszereinek, me-
lyek olyan rezgéshullámon léteznek, ahol olyan tudati
rendszerek alakulnak ki, melyekben oly erővel teremtik
meg a fókuszuk irányát, hogy mintegy különálló egyedet
képezve tudatosulnak önmagukra a mindenségben. Et-
től a tudatosulásuk pillanatától kezdve ezek a magukban
foglalt tulajdonságai a saját rendszereiknek változatlanok
maradnak. Fókuszukat állandóan önmagukon tartják,
lehetőséget sem adva arra, hogy ez másképpen legyen.

Itt a „másképpen legyen" egy érdekes fogalom lesz!
Azt jelenti, hogy a forma, mint a létezés kezdete, már
nem változik meg a mindenség tudatában, viszont az
egymástól eltérő rendszerek minden esetben más tulaj-
donságokkal bírnak. Végtelen van belőlük, hiszen egy
egységes mezőn belül formálják meg magukat különbö-
zőre. A formák megalkotása nem a véletlen elképzelésen
alapszik, viszont alapjául szolgál a véletlen elképzelésé-
nek. Itt a véletlent egy önmagán belül tudatos rendszer-
nek fogalmazom. Nem véletlenül!

Azért van ez így, mert az eredendő gondolat teremt-
tése olyan véletlenszerűen létrehozott energiákon alap-

szik, melyeket aztán – hogy tovább létezhessenek a min-
denben – pontos számításokra alapozta. Ezért ezek a
számítások kizárják azt, hogy olyan energiamezők ke-
letkezzenek, amelyek nem tudják egy adott halmazra
vonatkozóan jellemző tulajdonságaikat megteremteni!
Ezek a tulajdonságok pedig a létezése fenntartásához
abszolút kellőek.

Az abszolúton itt egy mindent kizáró, végtelen esz-
szenciát értek, ami maga az ÉLET! Mert aminek meg le-
het határozni a tulajdonságait, az VAN! A többi túl van
a ti földi felfogásotok korlátain. Mégpedig azért, mert az
eddigi tudásotok és felfogásotok okául nem ismeritek a
létezésnek azon aspektusait, amelyek formálhatatlanok.

Ez azt jelenti, hogy nincs mögötte energia. Eddigi is-
mereteitek alapján minden, amit ismertek, az energia.
Viszont létezik a mindent betöltő üresség állapota is. Ez
lesz a meghatározhatatlan. Viszont ebből az állapotából
akár még létre is jöhet valami!

Abban az estben, ha a Teremtő meg nem történtté
tenné magát, akkor ebben a rendszerben, amiben eddig
létezett, emlékezete megmaradna önmagáról, így egy új-
raterveezésnél a már megszokott mintáit tervezné újra.

A minta az, ami alapot ad erre, viszont csakis kizáró-
lag ehhez hasonlót tudna teremteni. Viszont akkor már
nem ez lenne a célja.

Azért van ez így, mert ő maga a fejlődés, a változás.
Ha a jelen rendszereiben nem tud tovább fejlődni, úgy-
mond tiszta lappal indul egy másikban, ahol a mintáit
nem viszi tovább, hanem egy új nézőpontra helyezi. Szá-
mára nem létezik lehetetlen!

Akkor, ha az újrateremtés valóságát választja, a tel-
jes megsemmisülés állapotába kell, hogy kerüljön! Mi-

vel tudjuk, nincs tér és idő – mert minden az egyben történik –, ezért olyan gyorsasággal fordítja át figyelmét a kívánt újrateremtésre, hogy a hozott információ abban a pillanatban átlényegül energiává, és olyan feltételek között teljesül, amely számára is ismeretlen lesz az új rendszerben.

Tehát bármivé teremtheti magát, mert az emlékezetéből előhívja a már meglévő információkat, amelyek a rendszereit tovább alakítják, formálják. Ezt lehet akár a létezés evolúciójának is nevezni!

Ebben a változásban nincs tudatában annak, hogy a már meglévő információk csak emlékezetként vannak jelen – és ugye tudjuk, hogy az emlékezés nem lehet teljes –, tehát csak azokra az információkra épít, amelyekre emlékszik. A többi kimarad az újnak megteremtéséből.

Viszont a hiányzó információkat kell, hogy bővítse, hiszen ezért indította útjára is! A megmaradt információra építve egy teljesen új rendszer létrehozása a célja. Ez azt jelenti, hogy újra számol a létezése lehetséges kimeneteleivel.

Ezek a kimenetelek pont olyan feltételek között teljesülnek, mint az előzőek, mégpedig azért, mert a létezés feltételei örökké adottak, a körülmények viszont állandóan változnak. Egy pont után már a létezésnek is meg kell semmisítenie önmagát ahhoz, hogy mint a mindenséget betöltő energiaforrás legyen jelen!

Ez a ti földi létezésetekhez is elengedhetetlen feltétel, hiszen számításba veszi a minden lehetséges változatát, és mivel nem bízza magát a véletlenre – ami egyébként úgyszintén önmaga –, számolnia kell egy váratlan fordulatra önmagán belül! Mert vannak a tudatnak kiszámíthatatlan tartományai, mivel önmagán belül nem teljes a tudata. Ezért, hogy megismerje és szabadjára engedje tudata energiáit, számolnia kell minden kimenetellel! Viszont mivel nincs tér és idő, és minden az adott szent pillanatában történik, így tudja minden lehetséges változatából azt, amelyik megvalósul. Mivel minden egyszerre történik, így a mindent tudás birtokába kerül ismét.

A rendszerei a helyükre kerültek. Gyakorlatilag olyan vonzáspontot alakított ki az újratervezése által, melyben a létezés feltételei is megváltoztak.

Ez csupán azt jelenti, hogy a létezés, mint egység, olyan erővel hat a mindenség rezgési dinamikájára, hogy az eddig magáénak gondolt tulajdonságai megváltoznak.

Tudjuk azt, hogy a ti időhöz kötött rendszereitekben ez a változás nagyon hosszú időbe telik, és tudjuk, hogy a változás az, ami van, mert a létezésben semmi sem állandó. Még maga a létezés sem!

De! Ez a változás a tudatnak úgymond nem jelent semmit, hiszen ő az időtlenségben éli meg önmaga minden rezdülését, így abban a pillanatában, amikor a változás elindul, tudja a lehetséges kimenetelét, és ki is tudja számítani azokat a pontos körülményeket, amelyek a megvalósuláshoz kellenek.

A rezgési dinamika megváltozása a létezést mindig egy olyan dinamikával működő rendszerbe sűríti, ahol azok a tulajdonságai, melyeknek figyelmet szentel, olyan rezgéslenyomattal működnek tovább, ahol az eredeti dinamika szerint működő hullámok megtartják azokat a tulajdonságaikat, melyek a fókuszában voltak.

A dinamikus rendszerek a Teremtő tudatában azt jelentik, hogy olyan állandó változásban lévő rezgéshullámon teremtik meg a tulajdonságaikat, ahol olyan dimenziókat teremtenek meg, amikben – és közöttük is – a

tudat szabadon tud áramolni. Itt ez azt jelenti, hogy ezek
a dimenziók nem egy szilárd rendszerben tudatosulnak,
hanem egy könnyen formálható és alakítható rendszerben. Itt az energia olyan hullámon mozog, ahol az energiahullámok közötti résben a kvantumrezgés-részecskék könnyedén formálják önmagukat.

Nem fordítanak figyelmet arra, hogy olyan rendszerben összpontosuljanak, ahol egy zárt rendszert hoznak
létre, mert eredendően nem ez a céljuk. Úgynevezett cellákba tömörülnek, melyek önmagukon belül állandó mozgásban vannak, és alakjukat változtatják úgy, ahogyan
az energiák kívülről hatnak rájuk. Ez azt jelenti, hogy a
rájuk közvetlen hatással lévő energiákhoz pontosan alkalmazkodnak. Önmagukon belül is mozgékonyak, tudati szinten kommunikálnak egymással. Az energiaráhatással pedig tökéletesen alkalmazkodnak az energiához,
és ezt, mint információt, továbbítják a többi rendszernek, felkészítve őket az esetleges változásokra. Ezekben
a rendszerekben így történik a teremtés...

Nem változnak tovább ezek a rendszerek, mert megmaradnak ezen a szinten a tudati kommunikációban, viszont szerves részét képezik azoknak a rendszereknek,
melyek a magukról alkotott fogalmukat, mint információt csatolják vissza az eredendő tudathoz.

Viszont az eredendő tudat, okánál fogva, pontosan
tudja ezeknek a rendszereknek a számításait, ezért még
az információ megérkezése előtt – már egy meghatározott dinamikába sűrítve – átadta önmagából azon részeit, melyben ezek az energiák érzékelhetővé válnak.
Így kommunikálnak egymással ezek a rendszerek. Szupertudattal rendelkeznek, ezért mondhatjuk őket szupercelláknak is!

Ezek a dinamikus rendszerek, mint említettem, változó tulajdonságokat hordoznak magukban. Térbeli elhelyezkedésüktől függően és a magukban hordozott információkból határozzák meg önmagukat. Amennyiben az eredendő tudat – ha számításba vesszük – egy tudati kivetülés, egy hologram is lehet azokból a tudati rendszerekből, ahonnan egy egységbe tömörült energiamezőből kapja a létezését, akkor ezek a kivetülései sem valóságosak. Ha pedig ez a lehetőség is fennáll, akkor a létezés egy olyan tudati kivetülésnek a mintájára alkotott rendszerekből áll, melynek tulajdonságai egy állandó, változatlan extraszenzoriális rezgésrésben folytatják a magukról alkotott elképzelésüket.

Ez a rezgés számotokra ismeretlen, nincs tudati kapcsolatban a ti rendszereitekkel.

26. beszélgetés

Üdvözöllek!

Azon rendszereknek, melyek nincsenek kapcsolatban a ti földi tudatotokkal, a magukban hordozott információi sem lesznek elérhetőek számotokra. A tudat kivetülései – márpedig ti is azok vagytok – egyszerűen egy magukra jellemző egységben összpontosulnak. Nincs meg az a képességük, hogy egy másik rezgésszinten lévő hullámra oly mértékben ráhangolódjanak, hogy az általuk kapott információt olyan szinten fogják fel, hogy be is tudják építeni azt a saját rendszereikbe. Egyébként sem ez a céljuk!

A rendszereknek megvannak a maguk feltételei a létezésben való maradáshoz, ezért a rendszerek információi minden esetben eltérőek egymástól, így nem illeszthetők bele oda, ahol a fejlődés a cél. Ezek blokkolnák egymást, mert nem tudnának az információk egymással mit kezdeni, nincs közös kapcsolódási pontjuk. Érthetőbb magyarázatként nevezzük földi léten kívülieknek, azaz csak egy meghatározott ponton teszik hozzá tudatukat a földi létezés fejlődéséhez. Nem történhet ez másképp!

A meghatározott pont itt azt jelenti, hogy azok a földi létezésen túli tudatok nem kapcsolódnak olyan rendszereken kívül, ahol a Teremtő már egy előre meghatározott formában meg nem nyilvánult volna.

Akkor, amikor valami a tudata fókuszán kívülre esik – tehát nem volt benne a teremtésben, de mint emlékezete a mindenségnek megmaradt az egységben –, azokba a pontokba, ahol az emlékezetéből kiolvadt információk elhagyták a tudatot, léptek úgymond be a földi létezésen túli tudatok. Ők a földönkívüliek!

Nincs egy konkrét céljuk ezzel, mint ahogyan ezt már említettem. Csak akkor jönnek, amikor olyan mértékű információkiolvadás történik a tudatból, hogy a Teremtő nem emlékszik a következő lépésére. Tudjuk azt, hogy a Teremtő mindent számításba vesz, így azt is, hogy van, amit nem vesz számításba! Az egész összehangolása az Univerzum létezőinek egyetlen egy hullámon történik; mégpedig ez a leglágyabb és a legjobban formálható rezgéshullám, amiben a kommunikáció történik. Ezt nevezhetjük a tudatok hangjának is. Olyan magas frekvencián létezik, hogy mérni ezt nem tudjátok!

Vannak olyan földön kívüli létezők, amelyek azért látogatnak benneteket, mert a Föld vonzáspontja megfelelő ahhoz, hogy az ő létezésüket érintő dolgokban segítségül legyen. Beszéltem már róla érintőlegesen, a Santorini-szigetcsoport alatt létező kristálypiramis öszszefüggésében.

A Földnek 5 ilyen kristálypiramisa van: Santorini, Peru, Bahamák, Malajzia, Egyiptom. Ezek a kristálypiramisok a teremtő tudat gondolatának az eredendő rezgésmegnyilvánulásai voltak.

Ez azt jelenti, hogy a tudatnak azon részei, melyekből az elsődleges teremtő gondolatát kifelé árasztotta, de a rezgése a mindenségben nem nemesült át bármilyen rendszerré, így ebből kristállyá teremtette magát! A kristályt a ti földi kifejezésetekhez kötöm most.

Az én szemszögemből nézve érzelmi és gondolati rezgéslenyomatról van szó. Ezek a kristálypiramisok a szem számára láthatatlanok. Gondold csak el, ez maga az eredendő tudat! Elképzelhetetlenül magas rezgésszinten mozog, olyannyira, hogy számotokra érzékelhetetlen a léte. Ez azt jelenti, hogy a fénysebességnél gyorsabb a tudati energia mozgása benne.

27. beszélgetés

Üdvözöllek!

A végtelen tudati tartományom nyitott, ezért bármikor meríthetsz belőle! Azok a nyitott rendszerként működő tartományok, amelyek olyan rezgésszinten vannak jelen a létezésben, amiben a mindenség – a holografikus rendszereiben emlékként őrzött lenyomatából a fókusza által – megteremt egy olyan nyitott teret, ahol a tudatosulás egy másik rendszer létezőivel lehetséges. Itt már a teremtett világról beszélünk. A teremtett világon az önmagára tudatosult létezést értem. Ezek a világok egy teljesen más rezgésszinten léteznek, viszont a tudati fókusszal kiegyenlíthetővé válik ezen rezgések különbözősége.

A holografikus létezésben a már önmagára ismert Teremtő olyan mechanikai rendszereket használ, ahol a rezgésrésekben a rezgések – találkozásukkor – egy előre nem látható módon vannak hatással egymásra. Ez azt jelenti, hogy a rezgések képesek ugyanazon időben együtt megnyilvánulni, ami ahhoz kell, hogy ennek hatására az épp feledésbe merült emlékezete olyan energiasugárzást kapjon, hogy a teremtésben mint egy egységes rendszer része szerepeljen.

Ezekben a rezgésrésekben a már megnyilvánulásra váró – rendszereiket elhagyó – rezgésenergiák olyan mértékű tudatosulása kezdődik, ami a különböző egységeket alkotó rendszerek rezgéslenyomatát emlékezésre bírja. Ez azt jelenti, hogy az emlékezése alatt – ezt értsd az adott szó jelentése szerint – olyan energiák teremtődnek meg, amelyek részt tudnak venni olyan szinten az emlékezésben, hogy azok az információk is eljutnak a tudathoz, amelyek tárolva vannak egy öntudatlan állapotban.

A teremtésben mindig vannak olyan rendszerek, amelyek úgymond energia tartalékként vannak jelen egy olyan rezgéstartományban, ahol nincs figyelmük a saját jelenlétükre. Ez azért van így, mert olyan rezgéshullámot bocsátanak ki magukból, amely nincs számításában a valami megteremtéséhez.

Viszont, mivel a tudat számol minden lehetséges teremtésével – még azzal is, amivel nem –, nem fordít rá kellő figyelmet, csak akkor, ha a rezgésrésben a tudat olyan szinten tud kommunikálni a rendszereivel, hogy meg tudja teremteni magának azt az illúziót, ahol a holografikus rendszereiből valóságként tekint önmagára.

A holografikus rendszerek, olyan információhordozók, amelyek bármikor meg tudják változtatni az önmagukban hordozott információs lenyomatukat. E szerint nem fogad el semmit valóságosnak, mert a figyelmét bármelyik lehetőségére tudja fordítani. Ezek a lehetőségek abban az egységben jelen lévő tudati információk, amelyek megteremtik a holografikus létezést, mint emlékezést a létezésre. Ha belegondoltok, a jövőtökről alkotott elképzeléseitek már mind jelen vannak a mindenségben...

Viszont az az elképzelésetek, hogy egy ál-valóságban léteztek – így, ebben az elgondolásban – nem állja meg a helyét!

A létezés tudatában azok a rendszerek, amelyek figyelme által energiát kapnak, pont ez által lesznek valóság – az ő szemszögéből nézve. A ti valóság-tapasztalatotok is ezen az elven működik, hiszen ti is ebben léteztek.

Ha pedig valóságként tekint önmagára, ez olyan zárt rendszert hoz létre, amely kizár minden más lehetőséget arra, hogy önmagát ne valóságként tapasztalja meg. Tehát az ő tudatában minden valóságként létezik, mert a zárt rendszerek soha nem engedik a térben való elhelyezkedésük megváltoztatását.

A térben való elhelyezkedésének megváltoztatása azt jelenti, hogy a tudat az emlékezésre használt energiáját önmagába fókuszálja, ezáltal tágul minden irányba, s így változik a térben való elhelyezkedéséről alkotott fogalma is, mert megváltozik az önmagához mért viszonyítási pontja.

Ez csak akkor válik lehetőséggé, ha a tudat olyan energiákat szabadít fel a zárt rendszereiből, hogy a teret el kell mozdítania a rendszerei alól. Ez úgy történik meg, hogy a fókuszát önmagára fordítja vissza, ezzel az energia elvész a rendszerei körül, s olyan hullámon kezd el mozogni, hogy a rezgésrések érzékelhetővé válnak, és mozgásuk alatt, úgymond, megtörik a tér.

Mivel az energia egy adott hullámon közlekedik és a tudatban egy teret tölt ki, amikor ez a hullám találkozik egy adott rezgésréssel a tudatban, úgymond elgörbül, hogy iránya egy zárt rendszerből bármilyen irányúvá válhasson azért, hogy bele tudjon olvadni egy kívülállóként rendszerbe foglalt rezgésrésbe. Itt ismét csak az üresség lesz a tudatban, ahonnan megteremtheti újra a saját valóságát.

28. beszélgetés

(Ezen beszélgetést megelőzően egy kérdés hangzott el Roth-hoz, miszerint a kérdező – aki már a tudatosság útját járja – arról érdeklődött: „ki" is ő valójában egy dimenzionális összefüggésben. Roth az erre adott válaszával kezdte szokásos beszélgetésünket.)

Üdvözöllek a kapcsolatunkban! Kérdezted, ki vagy te?

A tudat olyan megnyilvánulása vagy emberi létformában, melynek egy rezgésrése az atlantiszi időkben tudatosul önmagára. Tudod azt, hogy nincs tér és idő, ezért ezek az energiahullámok most is jelen vannak benned! Mozgásuk a te figyelemenergiádtól függ.

Mivel tudod, hogy a létezés a mindenek tudatából kivetített hologramként van jelen, ezért meg tudod magadnak teremteni azokat a rezgéshullámokat, amelyekből azt az információt vetíted ki magadból, ahol emlékszel az eredetedre. Azokban az energiahullámokban, amelyek az eredet fényét hordozzák magukban, olyan információhalmaz van jelen, melyből a magasabb rendű tudásod ered. Ezekben az eredendő rezgéshullámokban jelen vannak más tudati információk is, melyből olvasni tudsz.

A jelen megnyilvánulásodban erős kötődésed van a Föld bolygó energiájához, mert ez most szükséges a fizikai megtestesülésed energiarendszeréhez, másrészről pedig így egyenlítődnek ki benned a magasabb rendű tudás és a korlátokhoz kötött földi létezésed energiái! Tudásodat a lényed hordozza magában. Egyelőre erről ennyit!

(Ezután a beszélgetés a megszokott mederben folyt tovább.)

Azokat nevezzük rendszereknek, melyek akkor jönnek létre, mikor a tudat úgymond kikerüli önmagát, hogy ezáltal felfogja azokat a részeit, melyeket nem ismer fel a létezésében.

Mivel a tudat egyirányú, így a kifelé áradáskor már egy olyan energiahalmazban van benne, melyben magába foglalja a már megismert részeit is. Ezen az energiahullámon vannak olyan pontok, ahol a tudat önmagán belül eléri azt a sebességet a figyelme által, hogy tudatosul önmaga egyik variációjára. Mivel a létezés egy holografikus rendszerben történik, ezért sosem lehet biztos a teremtésében, hiszen az emlékezetét használja, azt is csak egy pillanatban tudatosítja, de ugye tudjuk, az én szemszögemből nézve az a pillanat lesz egyben a mozdulatlan is!

Ahhoz, hogy felismerje a számára ismeretlen részeit, a térben való elhelyezkedését kell átfókuszálni önmagában. Ezáltal megszűnik a térben létezni, viszont a fókusza önmaga terében tudatosul. Ezért, hogy ne semlegesítse a két energia egymást a találkozásuk pillanatában, a tér elgörbül a másik haladása okául. Megállnak a végtelen pillanatban; itt történhetnek átcsúszások másik rendszerekből, de az átcsúszott energia abban a végtelen tartományban elvész. Ugyanis a figyelemenergia által a tudat képes több valóságot is megélni egyszerre. Ez a ti tér-idő valóságként elfogadott rendszeretekben nem felfogható!

Tehát térgörbítésről akkor beszélünk, amikor a tudat a felismerni vélt részeit egy olyan rendszerben fókuszálja önmagába, ahonnan az információk a térben olyan vetületet alkotnak, melyeknek határai egymásba csúsznak. Ezáltal az adott rendszer információja meghaladja a tudat határait az önmagáról alkotott képben. Ekkor olyan valóságrendszereket teremt, ahol a teret használja fel arra, hogy az emlékezetéből kiolvasztott gondolatenergiák ne vesszenek el a mindenségben. Ezért létrehoz egy másik teret a térből!

Ez a tér a tudat belső tere, ami a nézőpontjai közötti távolságot jelenti. Fogalmazzunk úgy, hogy ezt megtenni idő. Ahhoz, hogy a terét hajlítani tudja, kell, hogy az időt – vagyis a pontok közötti, figyelme fókusza által megtett távolságot – a térrel párhuzamos létsíkra helyezze. Ekkor elvész a tudatból a tartalom, és ebben az üességben válnak érzékelhetővé a tőle kívülre eső részei. Tehát így teremti meg, hogy mindent egy időben tudjon érzékelni.

Te, aki most olvasod e sorokat, részesülsz e szavak mögötti energiából. Ott vagyok én! Közös teremtésünk elkezdődött! Ne felejtsd, hogy a dolgok valódi természete még a teremtő tudat számára is ismeretlen! Ezért nem köti le idejét azzal, hogy mindenek mögé lásson, hiszen pontosan tudja, hogy ő a minden, még ha ez az időtlen létezésében a tudatán kívül is esik.

Teljességgel lehetetlen minden titkot megismerni! Ezt a Teremtő pontosan felismerte minden újrateremtett pillanatában. Tégy te is így, és élvezd az időtlen utazást!

29. beszélgetés

Üdvözöllek!

– Roth, ki vagy te?

El tudom mondani, de csak addig a határig, ameddig fel tudod fogni a lényegemet. Én is egy állandó mozgásban lévő mozdulatlan vagyok. Az információt, amelyeket megosztok veletek, az emlékezetemben tárolt információk alapján teszem.

Egyszerre vagyok jelen az általatok időnek nevezett rendszerben, ezért emlékszem a teremtésre, illetve az általatok jövőnek vélt megvalósulásokra is, és az összes lehetséges variációjára a létezésnek. Tudatom mindenhol és mindenben jelen van!

Nem volt fizikai megtestesülésem, és nem tudom magam az anyagba, illetve a ti földi megtestesülésetekbe fókuszálni. Nagyon pici rendszerben léteztek a mindenség tudatában! Energiám a szavak mögött találod.

A 12. dimenzióból áradok önmagamból a létezésre. A teremtő tudat 3. lélegzetvételének egy rezgésrése vagyok, ami azt jelenti, hogy akkor tudatosultam önmagamra, mikor a teremtő tudat rendszerekre bontotta önmagát, tehát a kezdetektől jelen vagyok. Én is egy zárt rendszerben létezem, mivel az emlékezetben semmi sem hagyhatja el a már megteremtett helyét.

– Mit jelent az, hogy 3. lélegzetvétel?

Ez túl van a ti tudatotok felfogóképességén, bár a tudatban egyébként minden információ benne van. Ha tudnátok magatokat rezgésekből álló lényekként azonosítani, akkor ez érzékelhetővé válna számotokra. Nézzük meg több oldalról, mit is jelent ez!

Ha azt nézzük, hogy a létezés egy nagyobb egység emlékezetéből kivetített megvalósulásokból áll, akkor én is egy lehetséges létezés részese vagyok, mint hologramban lévő információ. A beszélgetésünk alatt emlékszem önmagamra, mert a fókuszomat a mozgásban lévő részemre összpontosítom, így a figyelemenergia által olyan tudati rendszereim lépnek velem kapcsolatba, amelyek olyan információkat tartalmaznak, melyeket az önmagamra tudatosulásom pillanatában nem vettem figyelembe.

Gyakorlatilag most is egy térgörbítés részesei vagyunk, mert azokat az információkat figyeljük meg, amelyek a rezgésréseimben vannak, és ez csak úgy lesz érzékelhető, ha egyszerre két térben gondolkodom. Tudd, hogy mindez a tudatban játszódik le, csak érzékelhetővé teszem nektek a ti fogalmaitokkal!

Mivel nincs tér és idő, ezért a beszélgetéseinken keresztül kapnak teremtő energiát a rezgésrésemből kiolvadt információk. A teremtést formáljuk olyanná, mint amilyenre emlékezünk belőle, ezért sosem leszünk befejezettek, mert a minden, ami a teremtő tudaton is túl van, ezzel a beszélgetéssel is hozzátesz önmagához.

Ha ráérzel most a szavaim mögött lévő energiára, felfoghatsz a lényegemből! A 3. lélegzetvétel lefordítva azt jelenti, hogy a tudat az általa valóságként elfogadott rezgéshálójából kivetített, öntudatra ébredt gondolatát áthelyezte egy olyan rendszerbe, ahol megalkotta a múlt-jelen-jövő lehetséges valóságát. Ezért tudunk mi most a ti nyelveteken beszélgetni.

Ennek ellenére a beszélgetéseink korlátokhoz kötöttek, mert a teremtést, a létezést nem lehet szavakba formálni. Ettől eltekintve, szerintem jól boldogulunk egymással.

Fogják majd kérdezni tőled, milyen érzésként nyilvánulok meg számodra a beszélgetéseink alatt. Bízom magunkban és a te érzékelésedben; jó munkát teremtünk közösen! Ne feledd: minden mindennel összefügg, ezért a Mindenségben mindenki helyet kap a beszélgetésünkben! Mert nincs más, csak az egység! Ami ezen túl van, az a teremtő tudat illúziója önmagáról, hogy így tegye felismerhetővé önmaga számára azt, amiről elhiszi, hogy az nem ő...

30. beszélgetés

Üdvözöllek!

Nagy munkát viszünk most végbe, írjuk a létezés teremtését!

A létezés teremtése azoknak a rendszereknek a mozgásából teremtődött létsíkmezők kvantumrezgéseiből áll, melyet a tudat azonosítani tud önmagával.

A tudat teljesen kizárja azokat a lehetőségeket, amelyek akkor jönnek létre a teremtés folyamatában, amikor a tudat elfordítja fókuszát önmagáról. Ez azért van így, mert semmit nem teremt azokban a rezgésrésekben, amelyekben nincs figyelme önmagára, hiszen figyelmét az általa megteremtett valóságra fordítja, amely mint rendszer működik tovább.

A rendszereknek a kvantumrezgése megteremt egy olyan energiahálót, ahol a gondolat a tudatnak már egy önálló részeként létezik tovább. Az, hogy a gondolat mivé teremti önmagát, már elkerüli a figyelme fókuszát, úgymond a saját valóságában létezik tovább a már útjára bocsátott gondolatenergia.

A gondolatenergia saját teremtő erővel bír! Olyan erőhatással van önmagára, ahol a gondolatból kiolvadó kvantumrezgés részecskéit visszatartja, vagyis megtartja, mert figyelmetlenségükből eredően elkerülik azokat a rezgéshullámokat, ahol úgymond hasznos részei lehetnek a teremtésnek.

Természetesen mindezek ellenére semmi sem vész el, mert a tudatban minden megmarad, mint tárolt információ. Viszont ha tárolt információként van jelen, bármit hozzátehet vagy el is vehet önmagából. Ezzel bizonytalanná válik formája, de ennek ellenére megteremti a variánsait.

Az anyagi megtestesülésetek egy olyan kvantumrezgés-részecske figyelembe vett variánsából ered, ahol a tudat a figyelme fókuszának erőhatását használta fel arra, hogy a részecskéket egy rendszerbe foglalja, meghagyva a lehetőséget a tudati energiának az anyagban való testet öltésére. Az anyagban való testet öltés itt azt jelenti, hogy a tudati fókuszok egy olyan, számukra ismeretlen erőtérben fejtik ki hatásukat, ahol bármivé válhatnak.

Tehát az anyagi megtestesülésetek akár a véletlen műve is lehetne! De ha véletlen is, a Teremtő tudatában már szándékként benne létezett. Nem volt nehéz dolga, hiszen csak emlékeznie kellett arra, hogy a végtelen teremtésben bármi helyet kapjon. Ez azt jelenti, hogy teret kellett teremtenie a tudatában arra, hogy az emlékezetét befogadja. Ez viszont már egy tudatos döntése volt.

Ennyi a tudati kapcsolódás, vagyis a gondolata ereje az anyag megteremtésében. Vagyis teret adott annak a megnyilvánulásának, ahol az energiát, mint egy tudati kapcsolódást használt fel arra, hogy az erőt, mint hatást, a kvantumrezgés részecskéit mozgató energiahullámot egy rendszerbe foglalja.

Ha belegondolsz, igazából abban a pillanatában, ahogy emlékezik az anyagra, mint energiára, ugyanakkor már el is veszítette! Akkor most van anyag, vagy nincs anyag? Te mit figyelsz meg belőle?

Ha az anyagban lévő kvantumrezgés-részecskéket figyeled meg, és megérted azt, amit az előbb említettem – arról, hogy a Teremtő mi módon foglalja önmagába az anyagról alkotott emlékezetét, és hogy ez gondolati síkon egészen képlékeny –, akkor megérted, hogy az anyag formálható önmagán belül a fókusza által. Itt fontos megemlíteni, hogy a kvantumrezgés-részecskék egy abszolút tudatos részei a Teremtőnek!

Viszont ha már megteremtették eredeti formájukat, maradnak a szilárd rendszereikben, de önmagukon belül létrehoznak a mozgásuk és a figyelmük által újabb rendszereket. Tehát mutálódnak! Ez abszolút kiszámíthatatlan, és mutációjuk okát még ők sem tudják értelmezni! (Végül is folytonosan értelmezik, tehát az értelmezésnek így soha nem lehet vége...)

Ez azt jelenti, hogy ezek a rendszerek nem egy előre meghatározott rendezettségben alakulnak ki, mindinkább véletlenszerűen teremtik meg önmagukat. Tehát nem figyelnek! Ezeket a rendszereket változásra bírni nem lehet!

Az anyagban, ahol egy véletlen mutációból álló rendszer figyelhető meg, ott az anyag mindig kötődik a továbbgondolt variációjához. Ez azért van így, mert a fejlődését, illetve a zárt rendszeréből való kilépését így tudja csak elérhetővé tenni a figyelme által.

Itt nem véletlenül használtam az „elérhető" szót, mert abban a pillanatában, amikor figyelme találkozik egy rajta kívül eső kvantumrezgés-részecskével, a magukból kibocsátott energiahullámok találkoznak, ezzel lehetőséget teremtve akár a rendszereikből való kilépésre is!

Viszont, mivel a hasonló a hasonló rezgést vonzza, így csak energiacsere történik, és annak sincsenek tudatában, hogy a másik rendszer milyen információkat hordoz magában. Ezért a számításaikkal lekésik azokat a rezgésréseket, amelyeken keresztül egy nyitott rendszer részeivé válhatnak.

31. beszélgetés

Üdvözöllek a tudatom végtelen tartományában!

Amit ti „rákos megbetegedésnek" neveztek, nem más, mint a tudat olyan rezgésrészeiből előállított információs halmaz, ahol a sejtek olyan kvantummechanikai mozgásból előállított információk, amelyek a mindenség rezgéseiből megalkotott tér-idő valóságban, vagyis az anyagban megtestesült információk.

Az „előállított" ebben az összefüggésében azt jelenti, hogy amit ti sejteknek neveztek, az valójában egy információs halmazból álló másik strukturális összerendeződés tudati kivetülése.

Tehát a sejtek összeállítják azon modelljüket, ahol mint információ, tovább tágulnak egy olyan rendszerig, ahol beleférnek, mint olyan, a Teremtő emlékezetébe.

Ez itt fontos, mert a tudat emlékezete az, amely magában foglalja azokat az információkat, ahol magára vonatkozóan – az emlékezetéből előállított – olyan információs rezgések válnak érzékelhetővé számára, ahol útjára engedi ennek az információnak a rezgését a mindenség tartományába. Ezt nem véletlenül teszi abban a rendszerében, ahol szükségét érzi egy előre nem várt mutációja megteremtésének. Erről már volt szó korábban!

Amit ti gyógyításnak neveztek ebben az összefüggésben, az azért nem helytálló, mert az elvárása annak, hogy egy olyan strukturális modell működjön, amelyben az információk ugyanabban a rendszerben változnak, ahol öntudatukra ébredtek, anyagi ráhatással nem lehetséges!

Viszont egy olyan rendszer előállításával, ahol ismeritek azokat az információkat, amelyek látszólagos változást okoznak – gondolok itt most az anyagra, mint állandó változásban lévő információra –, olyan rendszerbeli változásokat lehet elérni, ahol az emlékezetből megfigyelt tudati ráhatások egy olyan sejtszinten képesek a bennük lévő információt egy magasabb tudatszintre emelni, hogy az anyagba látszólagosan bezárt tudat képes legyen önmagát is egy határtalan létezővé emlékezni!

Itt már együtt, egy szinten tudnak a mindenséggel tágulni, így nem lesz szüksége a mutáns sejtnek úgymond felemésztenie a körülötte lévő zárt rendszert – utalva itt az anyagi megtestesülésekre – ahhoz, hogy a saját rendszerében megtartott határtalan információt a mindenségbe sugározza. Erre a földi tudatotok egyelőre nem képes, de már jó úton vagytok!

32. beszélgetés

Üdvözöllek a tudatom végtelen tartományában, ott, ahol a rendszerek úgy formálják magukat, hogy az általatok figyelembe vett nézőpontoknak megfeleljenek!

Azokban a nézőpontokban, amelyek olyan energiahullámban tudatosulnak önmagukra, ahol hatással lehetnek a Teremtő által létrehozott határaikra, az energiamezők kiteljesednek. Ez azt jelenti, hogy magukban foglalják mindazokat az információkat, amelyek ahhoz kellenek, hogy olyan egésszé válhassanak, ahol nem történik azonosulás azokkal az információkkal, amelyek kívül esnek a Teremtő tudatán.

Amennyiben nem történik meg az azonosulás, kívül maradnak a figyelemenergián, de ez nem jelenti azt, hogy nincsenek jelen!

Ez nem lehetséges a létezés rendszereiben, mert a rendszerek, még ha kívül is esnek a Teremtő tudatán, olyan energiahullámként vannak jelen a mindenségben, ahol csak arra várnak, hogy – akár a mindenség tudatán kívül eső részeiből is – olyan információhoz jussanak, ahol bármivé lehetnek.

Tehát a teremtés így soha nem tudhatja meg annak az eredményét, mivé változhat a végtelen térben, ugyanis nem lát rá önmagára. A korlátai őt is behatárolják, viszont az a hatás, mely a teremtése folyamatában a tudatán kívül eső információkból ered, meghatározza a következő döntésének a szándékát. Tudjuk, hogy valójában minden változik, és semmi sem állandó a létezésben, ugyanakkor a figyelme megteremti egyben a mozdulatlanságát is ebben a végtelen lehetőségben.

Abban az esetben, ha megfigyeli azokat az információkat, amelyeket a tudatában tárolt – hiszen beszéltünk már róla, hogy a létezés a Teremtő emlékezete a végtelen lehetőségeire –, akkor tudatába kerülhet azoknak az energiahullámoknak, amelyek ahhoz kellenek, hogy a tudat olyan információkra építsen, amely már akkor kiesett a figyelme fókuszából, amikor tudatába került annak, hogy az emlékezete által olyan dimenzióvalóságokat hozzon létre, ahol a rezgések úgy találkoznak, hogy kívül hagyják azokat az információkat, amelyek az emlékezés pillanatában már megvalósultak.

Tehát bármerre is tekint, a rendszereiből nem talál kiutat, hisz' minden az Ő emlékezetében tárolt információn alapszik. Akkor itt felvetődik a kérdés, hogy ki az, aki ezeket az – a Teremtő gondolat által életre hívott – információkat már tárolta? Akkor a Teremtőtől is van egy végtelenebb intelligencia? Lehetséges lenne, hogy nincs végső valóság? De ha már ez egyszer egy létező információ volt, akkor honnan tükrözte vissza a Teremtő azt a gondolatát, hogy emlékeznie kell önmagára? Ezek szerint a létezés újra és újra eljátssza önmagát, hogy örökké és időtlenül emlékeztesse önmagát arra, hogy nincs más, csak a létezése?

De most figyeljetek! Ha a Teremtő megfigyeli azt az energiahalmazát, amelyben azok az információk vannak tárolva, ahol még nem tudatos a teremtésének egy részére, akkor azok az energiák is részévé válnak a figyelme, és számításai okául.

Mivel tudjuk, hogy a létezésben minden benne van, még az is, aminek a Teremtő nincs tudatában (erről is beszéltünk már), akkor az az információ bárhol és bármikor felbukkanhat, ha számításba vesszük az ún. Időtlenség Törvényét a megfigyelésben. Az Időtlenség Törvénye hordozza az állandó változásban lévő információt. Ez biztosítja a létezés feltételét!

Nevesíthetjük itt akár azokat is, amiket Ti a létezésetekben vírusoknak vagy baktériumoknak hívtok, mert ezen az elven vannak jelen! Tehát ezért voltak, vannak és lesznek különféle járványok a Föld bolygótokon, mert a Teremtő ezekben az információkban hordozza azt a részét, mely az emlékezete pillanatában kívül esett a befogadásán.

Viszont ha figyelme van rá – márpedig általatok épp ezt teszi –, olyan energiák szabadulnak fel, amelyek képesek a mindenségbe olvasztani ezen információk rezgését. Ezek az információhordozók! Ezáltal elvész az energia, mert már nem szükségszerű rá emlékezni. Viszont vannak véletlen történések – mert ez is benne van a Teremtő számításaiban –, s így bármikor elő tudja hívni ezt az információt, ha szándékában van önmagát emlékeztetnie végtelenségére. Ez az oka annak, hogy véletlenszerűen ütik fel fejüket az olyan jelenségek, amelyeket ti járványoknak neveztek.

33. beszélgetés

Üdvözöllek a tudatom végtelen tartományában, ott, ahol a mindenség fénye olyan erővel világítja be a létezést, hogy a számotokra még ismeretlenül hangzó információk olyan rezgéstartományt képesek elérni, ahol meg tudják változtatni azt az információs halmazt, amelyben a véletlenszerű megjelenések tárolva vannak!

Ez azt jelenti – visszatérve a korábbi beszélgetésünkhöz –, hogy mivel a „fény" az gyakorlatilag az információ sebességét tartalmazza, kell, hogy ez az információ is semlegessé váljék azokra a tudati hatásokra, amelyek akkor érvényesülnek, amikor olyan dimenziók válnak érzékelhetővé számukra, ahol a rezgésréseken keresztül megteremtik maguknak azt a végtelen rendszert, melyből egy új, és eddig ismeretlen energiahalmaz teremtődik meg.

Ehhez olyan tudati behatás szükséges, hogy azokban az információs csatornákban, amelyek egyébként egy zárt rendszerben mozognak, képesek legyenek egy újabb erőhatással az energiát formálni. Ez pedig akkor válik lehetségessé, ha a rendszerben olyan csúszások vannak, hogy a halmazok, amelyekben az információk elég energiát kapnak ahhoz, hogy tudatossá váljanak az önmagukban hordozott kvantumrezgés-részeikre, a figyelmük által kivonják magukat ezeknek a hatásai alól.

Ez azt jelenti, hogy a kvantumrezgés-részecskék mögött olyan információk vannak jelen, amelyek képesek a bennük tárolt információkat úgy lebontani, és olyan térben újraegyesíteni, ahol már mint semleges anyag öszszpontosulnak önmagukra. Ez a tudati behatás a Föld bolygótokon jelen lévő rezgésektől eltérően egy teljesen más frekvencián mozog.

– Köszönöm, Roth, hogy ezt elmondtad, de egyáltalán nem tudom értelmezni; egyszerűen nem értem, miről van szó!

– Nem baj, nem azért írjuk ezt a könyvet, hogy te megértsd! Azt már mondanom sem kellene, hogy mint benned tárolt információt nem ismernéd fel ezt az energiát, lejegyezni sem lennél képes, sőt azt sem tudnád, hogy létezem, mint sok minden más a világodban. Ezt jobb, ha belátod és elfogadod, mert a kétséged az én energiámtól is elválaszt!

– Ez mit jelent?

– Semmi mást azon kívül, hogy a hit olyan frekvenciára tud emelni téged, amely olyan rezgésréseidet zár be, ahol önmagad számára láthatóvá válik nagyságod. Mert „túl" érzékelsz azon az energián, amit önmagadként ismersz! Ott, a határaidon túl létezik az, amit ti hitnek neveztek!

– Fura, hogy ennyire egyszerűen fogalmazol, ez szokatlan tőled!

– Azt hiszem – ezt már korábban említettem is –, hogy ebben a második részben beszélgetni is fogunk. Az pedig kvantumrezgések fénykódjaival nem lehetséges, de fogunk írni úgy is. Izgalmas kaland lesz!

– De mi volt a mondanivalója annak, amit ma írtunk?

– Mondhatnám, hogy az anyag formálása vagy új dimenziók megteremtése, vagy a vírusok elleni védekezés, de ezek egyike sem fedné a mondanivalóm lényegét vagy energiáját. Mégpedig azért nem, mert szavakba sosem lehet belefoglalni a végtelenséget, az idő és térnélküliség fogalmát, a teremtő tudatot, és mind azt, amit az első könyvben írtunk.

Lehetetlen, ezért ne is próbáld megérteni! Akinek meg kell, az hidd el, meg fogja érteni! Elég, ha figyelsz a szavak mögötti energiára, és máris kitárul előtted egy új világ!

Ahogyan írjuk, úgy válik majd láthatóvá és érthetővé számodra. Egyébként nem véletlenül írjuk, amit épp írunk, mert ami mögötte van, az kódolva van energetikailag. Mindegyik beszélgetésnek megvan a maga fénykódja, ez nem volt másképp az első kötetben sem.

– Mik ezek a fénykódok...?

– Fogunk róluk részletesen is beszélni... Mára ennyit, holnap folytatjuk. Addig is, tartsd tudatod azon a legmagasabb frekvencián, mely ahhoz kell, hogy a gondolataidat és hitedet teremtő energiává tudd formálni!

34. beszélgetés

Üdvözöllek!

Azok a tudati megtestesülések egy más dimenziószerkezetben olyan gondolati sebességgel tesznek hozzá a már jelen lévő információhoz egy olyan hatást, mellyel már egy egészen más rendszerben működnek tovább azok az információs halmazok, amelyeknek tudatán kívül estek ezen részei.

Tehát egy új rendszert képeznek egy új dimenziós szerkezetben. Gyakorlatilag ez azt jelenti, hogy a dimenziók között csak a rezgéseikben vannak úgymond eltérések. Viszont ezek képezhetnek akár egy szilárd halmazt is, de a halmazokban is rezgések vannak.

Mikor egy kvantumrezgés-részecske mögöttes információja észleli az egyesülésre való késztetést egy másik rendszerrel, megfelelő tudati ráhatással abban a pillanatban kiszámítja, hogy ez lehetséges-e az adott közegben.

A kvantumrezgés-részecske mögötti tért úgy képzeld el, hogy nem a részecske van a térben, hanem a tér van őbenne! Tehát nála is létezik kisebb.

Viszont ez a tér a legintelligensebb üzenethordozó. Lehet úgy is fordítani – a ti fogalmaitokkal élve –, hogy a mögöttes tartalom vagy információ. Ugyanakkor ennek a valódi tartalma számotokra rejtve marad, bár alapvetően nem ez a szándéka a Teremtőnek, hiszen ő is szeretné megismerni önmagát a létezésen keresztül.

Mondjuk azt, hogy abban az információban van tárolva a mindenség eredendője. Nem véletlenül mondtam, hogy eredendője, nem pedig azt, hogy eredete. Ez azért van így, mert olyan szuperintelligens, hogy megmarad a korlátai között azért, mert számol azzal, hogyha a Teremtő meggondolná magát és nem szeretne emlékezni önmagára, mégis marad egy forrása, ahonnan ered, amely emlékezésre készteti. De ennek még ő sincsen tudatában! Tehát a Teremtő sem tud mindent önmagáról, pedig ő az, aki/ami VAN. Mégis van olyan, amit nem ismer fel önmagában.

Nincs ez másképpen veletek sem! Ti is visszatértek a forrásenergiáitokhoz, akik persze ti magatok vagytok, a tudatotokon kívül. Nos, a Teremtő is pont így van. Neki is van a tudatán kívül eső része. A végtelen csend, az információkon túli üresség, az örökkévalóság emlékezete a minden.

Tehát ha a Teremtő nem emlékezne tovább önmagára, akkor egy adott információs rendszerben mindig van hová visszatérnie, ahol már a létezés összes lehetséges variációja megtörtént, csak életre kell hívnia az emlékezés által. Viszont ha ez így van, akkor ha egy ponton a Teremtő nem emlékezik önmagára, viszont vannak már megvalósult jövő képei, hogyan tud emlékezni rá, mikor az meg sem történt?

Vagyis a Teremtő forrásenergiája honnan tudja, hová kell összpontosítania akkor, amikor olyan rendszerekről beszél, amelyek még meg sem történtek a létezésben?

Gondolkodjatok el ezen, és hatalmas tudati energiák szabadulhatnak fel!

35. beszélgetés

Üdvözöllek a tudatom végtelen tartományában, ott, ahol a rendszerek olyan mértékig tágulnak, ameddig be tudják fogadni azt a hatást, mely a bennük lévő rezgéseket kedve szerint formálja!

A tudati behatások a rendszereket olyan egységgé formálják, ahol mint tudati kivetülések lesznek jelen ott, ahol az egy egységgé való csoportosulás egy magasabb szinten már megtörtént. Értem ez alatt azokat a tudati információs – több térben és időben elhelyezkedő, de egy pontra összpontosító – hatásokat, melyek olyan intelligens rendszerező erővel bírnak, hogy nincs határ azon tudati rendszerei között, amelyek egy másik dimenzióban tudatosak önmagukra. Ezt az egységet akár egy többdimenziós tudatrendszernek is lehet nevezni.

Ezek a többdimenziós tudatrendszerek olyan erőhatásokkal vannak tele, amelyeknek egy része nem öszszpontosul a tudatban, nem kötődik hozzá, ezért az az erő – amely a tudat erőterében tartaná – nem tud megvalósulni. Ez azt jelenti, hogy teljesen más és új feltételekkel maradnak meg a tudat egységében, viszont bármikor elhagyhatják ezen egységeket és átcsoportosulhatnak egy másik, más feltételekkel működő tudatrendszerbe.

– Roth, itt miről is van szó pontosan? Úgy érzem, hogy most sokkal nehezebb a szöveg energetikailag, mint az első kötetben volt!

– A többdimenziós tudatrendszerekről, vagyis azokról a valóságrendszerekről, amelyben az energia anyaggá teremtődik. Ezért is érzed magát az írást is nehezebbnek.

Vagyis egész pontosan nem is az írást, hanem – amiről mindig is beszélek – a mögöttes tartalmat. Érzékelhetővé válik számodra és minden olvasó számára majd, hogy mennyire lényeges tudatában lenni a földi valótoknak!

Sokan közületek a dolgok mögöttes tartalmát keresitek, próbáljátok magyarázni, megfejteni, de nem fogjátok tudni, mert az az energia, mely a teremtés mögött van, nem tud áthatolni a földi tudatotokon keresztül, mert az a távolság, mely az energiák és a ti befogadóképességetek között van, az egy olyan rezgésrés, melyet a Teremtő nem „véletlenül" gondolt oda! Ezt azt jelenti, hogy az ő gondolatán semmi sem járhat túl... Elég emberien fogalmaztam? Ha jól tudom, van ilyen, ehhez hasonló szólásotok is.

– Van, igen, tényleg, valahogy így: „Az ő eszén semmi sem járhat túl!" Értem!

– Okafogyott azon aggódnod, hogy mit szólnak majd az olvasók, és a sok bizonytalan kérdést is érzékelem benned! Jól eltértem a tárgytól, de hát egy fénylénynek is lehetnek pihenőpercei! Hmmm, „fénylény"... Milyen érdekes fogalmak! Most gondolok csak bele, hogyan fordítod az energiámat...

– Nagyon különös érzés veled beszélgetnem, Roth!

– Én mindig beszélek hozzád, és épp most kezded felfogni a lényegünket.

– Hogy érted ezt?

– Úgy, hogy most kezdesz tanulni figyelni. Nagyon jó úton haladsz! Tudod, hogy mi a lényegem és minden lényege? A figyelem! Ennek a szónak az energiájával ismét a végtelen csenddé válok benned, és önmagamban is. Folytatjuk...

36. beszélgetés

Üdvözöllek a tudatom végtelen tartományában, ott, ahol a megteremtett rendszereitek érzékelhetővé válnak!

– Én is üdvözöllek, Roth! Bízom benne, hogy könnyed témáról fogunk írni...

– Attól függ, hogy milyen szemszögből nézed. A legutóbbi beszélgetésünket folytatjuk. Csak bízd rám magad és engedd bele önvalódat abba az örvénybe, amely megadja a választ a kérdéseidre!

Tehát! A tudati megtestesülések azokban a rendszerekben zajlanak, melyeket olyan energiák hatnak át, ahol a forma, mint egy érzékelhető közeg, már egy rezgési valóságban jelen van.

Ezt azt jelenti, hogy azokat a hatásokat, amelyeket a teremtő tudat az energiájából kivetített, a formálható rendszerek olyan szinten olvasztják magukba, ahol a megtestesülés már lehetségessé válik. Viszont ez nem egy előre elhatározott folyamat, mert minden csak a lehetőségek szintjén van jelen. Ennek ellenére, ha teljesülnek azok a feltételek, amelyek az anyagba fókuszáláshoz kellenek, akkor már megállíthatatlan az anyagban való testet öltés!

Azokban a zárt rendszerekben olyan energiabehatások vannak a tudat azon részeire, amelyek nem követik az anyagba való megtestesülést, hogy akár megmaradhatnak energiaforrásként is. Ez az energiaforrás az, amelyből a minden való, így az anyagi testet öltés is.

– Roth, mit jelentenek a zárt rendszerek?

– A zárt rendszerek olyan tudati hatások, amelyek olyan feltételek mellett teremtődnek folyamatosan a mindenség energiájában, ahol nincs más lehetőség, csak megmaradni abban az erőhatásban, melyet a tudat vetít ki önmagából, ezzel teremtve meg saját korlátolt valóságát.

Arról már volt szó korábban is, hogy a teremtésben kell a rendszer, különben nem lenne szüksége a Teremtőnek azokra a számításaira, melyek a valóságát teremtik meg önmaga számára. Itt a teremtés szót nem véletlenül használtam többször is. Ez azért van így, mert a létezés folyton teremti önmagát, egy olyan „extázisban", ahol a figyelme olyan fókuszpontot ér el, ahol a MINDEN is lesz egyazon időben!

Ti nem tudjátok befogadni az időtlenség fogalmát, mint végtelen energiát. Már ismerjük a létezés kettős törvényét; az előző kötetben volt róla szó.

A választ – legyen az bármi is – mindig önmagadban találod, ezt soha ne felejtsd! Minden válasz közelebb visz a valóságodhoz; abban megismerheted azokat a zárt rendszereidet, melyeket a nézőpontjaid teremtenek. Hiszen hogyan is fejezted be az első könyved? „Minden csak nézőpont kérdése!"

A zárt rendszereid formálása – és mindenki másé is – olyan erőráhatással lehetséges, ahol az energiák megtalálják a végtelen térben azt az információt, amely leginkább illeszkedik az elképzelésükbe.

– Roth, itt mit értesz az alatt, hogy „információ"? Ezt hogyan értelmezzük a földi létezésben?

Értelmezni semmiképpen se próbáld, mert elvész belőle a tartalom! Egyébként sem lehet információt értelmezni, hiszen az is energia, mert tudjuk ugye, hogy minden energia! Tehát értelmezni nem lehet, csak felfogni... legjobb esetben. Azért megpróbálom elmondani egyszerűbben.

Tehát! Információ alatt azt értem, amikor a Teremtő az önmaga VANságának mindent betöltő, önmagát energiának ismerő egysége olyan információt hordoz magában, ami alapján tudatában van kettős természetének.

Itt olyan rezgésrés keletkezik az önmagában hordozott kettős természete miatt, ahol szükségszerűvé válik az a kommunikáció, amelyben az Őt magába foglaló emlékezet forrásként van jelen. Mondjuk úgy egyszerűen, hogy a Teremtőnek is szüksége van némi információra ahhoz, hogy tudatában legyen, merre visz az útja.

– Igen, igen, Roth, ezt így már értettem! Vagyis, csak az utolsó mondatodat...

– És tudod miért?

– Sajnos nem.

– Csupán megfigyeltem a te információs rendszeredet, és ez által a szavak mögötti energiát könnyebben fel tudtad fogni. Vagyis – a ti szavaitokkal élve – közelebb áll hozzád ez a megfogalmazás.

Viszont a beszélgetéseink mondanivalója nem feltétlen a könnyedségben rejlik. Egyébként nem is kell, hogy könnyed legyen, mert az által, hogy a leírtakat nem érted meg vagy nem tudod összefüggéseiben értelmezni, szükségszerűvé válik a figyelmed! Persze mindenki másé is, aki olvasni fogja ezt a könyvet, vagy megismerkedik tanításainkkal. Mert megtanít figyelni!

És ekkor elindulhatsz a megismerés útján... mert addig bizony csak értelmezel és értelmet keresel. Pedig abban nincs élet, hiszen magad vagy az élet! A Teremtő sem keresi létezése okát, mert egyszerűen csak VAN! Ezek után már minden válasz lényegtelenné válik...

Emlékezel, hogyan kezdtük a beszélgetésünket? Nos, akkor most fordítsuk meg a nézőpontunkat!

Üdvözöllek a tudatom végtelen tartományában, ott, ahol a rendszerek olyan tudatosak önmagukra, hogy meg tudják teremteni azt a valóságot, amiben a kérdések már nem lényegesek, hiszen tudatában vannak az összes válasznak. Vagyis: a válasz nem más, mint maga a létezés, mert minden egy! Így a kérdés is okafogyottá válik, mert a MINDENben nincs te és én, csak mi vagyunk...

– Köszönöm, Roth!

37. beszélgetés

Üdvözöllek a tudatom végtelen tartományában, ott, ahol a rendszerek olyan szinten rendeződnek össze, hogy a tudatosságuk oly mértékig tágul, ahol már rezgéseik érintik más világrendszerek erőhatásait!

– Üdvözöllek, Roth! Úgy látom, ma sem valami könnyű témáról beszélgetünk...

– Sosem mondtam, hogy könnyű vagyok, így a beszélgetéseink sem lehetnek azok. Mellesleg – ahogyan megfigyellek téged az én nézőpontomból – létezésedet a te saját gondolataid is eléggé megnehezítik.

– Igazad van, Roth, sokszor nehezen kontrollálom őket.

– Mit is mondjak, különösek vagytok ti, földiek...

Tehát! Most – ahogyan azt az üdvözlésben olvastad – nem véletlenül használom a világrendszerek meghatározást a valóságrendszerek helyett! Ez azért van így, mert most olyan szemszögből nézzük a létezést, ahol a világrendszerek nagyobb tudatossággal összpontosulnak önmagukra, magukba foglalva olyan rendszereket, amikben az emlékezet már olyan hatással van a mindenség energiájára, hogy az már tudatosan hozza létre azokat az elkülönült világokat (nevezzük őket csillagrendszereknek), ahol – mint nevében is benne van – teljesen más rezgésekre rendezte összpontosító erejét.

Kezdjük a kezdetektől! Tehát tudjuk azt, hogy amit ti kvantumrezgés-részecskéknek neveztek, valójában egy végtelen térben lévő tudatnak azon alkotóegységei, amelyek arra emlékeztetik a Teremtőt, hogy nincsen semmi olyan kisebb a mindenségben, amely egyben olyan nagy is, hogy a végtelen információt magában hordozza. Ezt azt jelenti, hogy a kvantumrezgések mögötti végtelen információs halmaz hordozza magában azt a teret, amelyet ti másik csillagrendszernek neveztek.

A csillagrendszerek alapinformációja az a tudatosság, melyet a víz hordoz magában. Ezt képzeld el úgy, hogy a ti földi világotok anyagi és tapintható, más csillagrendszerek világai pedig – a ti megfigyeléseitekből kiindulva – folyékony állagúak!

– Ezt hogyan érted, Roth? Mit jelent ez?

– Tehát! A csillagrendszerek közötti utazás azért nem lehetséges a ti felfogásotok szerint, mert az az „anyag", ami a térben elhelyezkedik, folyékony halmazállapotú. Nagyon hasonló a vízhez, de a benne lévő információs rezgés más elven fejti ki hatását.

Ez azt jelenti, hogy a dimenziós szerkezetek közötti résben olyan energiahalmaz van jelen, melyben az információ oly mértékben tud mozogni, illetve a szuperintelligens kristálytudatok úgy dolgozzák fel, hogy a két világrendszer ne tudjon egymásba csúszni. Ha emlékszel, beszéltem már korábban a kristálytudatról, amely a csillagrendszereket tartja össze rendszerező erejével. A kristálytudat ennek a világrendszernek a folyékony állagában lévő szuperintelligens információból tudatosul önmagára! Tudjuk azt is, hogy a ti földi létezésetekben a víz a legjobb információhordozó. Azt is tudjuk, hogy a Föld bolygó DNS-ének 85 %-a víz.

Az az érdekessége a világrendszereket elválasztó – itt direkt mondva – folyékony halmazállapotú „anyag"-nak, hogy betölti a mindenségnek ezt a terét, és gyakorlatilag nem hat rá a gravitációs erő.

Ebben olyan tudati információk vannak jelen, amik hozzáférhetetlenek számotokra, és ezt nem véletlenül gondolta így a Teremtő, hiszen a ti földi testetekkel vagy tudatotokkal nem tudtok áthatolni rajta.

Ugyanakkor ugyanazon a rezgéshullámon van, mint a Föld bolygótok rezgése. Sosem lesz látható számotokra, hogy mi van – úgymond – a fátyol túloldalán! A tudatotok nem elég fejlett ahhoz, hogy megfejtsétek azokat az információkat, melyeket ezen világrendszerek hordoznak magukban.

Viszont a bálnák és a delfinek kommunikálnak ezen csatornákkal. Azok az információk, melyeket ezen emlősállataitok hordoznak magukban, olyan rezgésszinten vannak jelen a világrendszerek halmazállapotában, hogy így gyakorlatilag folyamatos a kommunikáció közöttük. Lehet őket akár médiumoknak is nevezni.

Az információt, melyeket felfognak, úgy építik be a Föld tudatába, hogy az éterben mint két energiahullám találkoznak, úgymond kisülnek (képzelheted ezt pl. egy láthatatlan villámcsapásnak), és ekkor cserélődnek ki az információk. Sosem történik 100%-os információcsere, mint ahogyan közted és köztem sem.

A tudósaitok sokat foglalkoznak a delfinek és a bálnák hangkommunikációjával. Azért nem tudják megfejteni az üzenetüket, mert nem evilági, hanem a világrendszereket összekötő kristálytudati információkkal kommunikálnak. Olyan hangkódokkal, melyek számotokra ismeretlenek.

Ismered azt a jelenséget, mikor a bálnák egy évben egyszer összegyűlnek a víz felszínén, felsőtestükkel az égbe nézve, szinte mozdulatlanságba merevedve? Mintha meditálnának... Maguk a mozdulatlanság, a végtelen nyugalom.

Ilyenkor a kristálytudatból egy-egy információ bennük tudatosul önmagára, a bálnák tudata pedig egészen a világrendszer tudatába hatol. Olyan információcsere történik ekkor, amely mindkét létforma fenntartásához szükséges.

38. beszélgetés

Üdvözüllek!

– Én is téged, Roth!

– Tehát, visszatérve az előző beszélgetésünkhöz, azok az információk, amelyek a lét fenntartásához szükségesek, teremtik meg ezen világrendszerek fennmaradását. Azoknak a tudati hatásoknak, amelyek a Föld bolygón és az azt körülvevő energiahálóban vannak, olyan szinten kell beépülniük egy kristálytudat-rendszerbe, hogy ennek a gyakorlatilag folyékony halmazállapotú „anyagnak" legyen olyan része, amely tartalmazza az anyagba való tudatosodás lehetőségét.

Ez azt jelenti, hogy abban a világrendszerben, amelyikről most beszélünk, csak a tudatban lehetséges a megtestesülés. Ezt értsd úgy, hogy anyagi formát nem öltenek az e világbeli tudatok, csak önmagukon belül léteznek, de bármilyen formát megteremthetnek magukban! De ez a forma megmarad a tudatukon belül.

Nevezhetjük ezt egy olyan létezésnek, amely épp az anyagban is megtestesülő rendszer lehetőségének folyamatában van. Mondanom sem kell, hogy szuperintelligens tudatokról beszélünk!

Képzeld el, hogy önmaguk összes variációját magukban hordozzák, mint potenciális lehetőséget az anyagban való formát öltésre! Precíz számításokat végeznek a ti földi, vagyis anyagi formátok egy magasabb szintre való teremtéséhez. Hatalmas lehetőség rejlik benne! Mondhatjuk úgy, hogy állandó munkában vannak a kristálytudatok egy új Föld bolygó megteremtésében.

Az információs rendszerük viszont nem tud olyan közvetlen kapcsolatot kialakítani a Föld bolygótokkal, hogy ne legyen szükségük – úgymond – „időre" ahhoz, hogy a létező legjobb variációt öltsék formába. Mondhatjuk úgy is, hogy nem sietik el a dolgot! Idejük végtelen, hiszen tudjuk, ők is csak „eljátsszák" a teremtés folyamatát, mert tudják jól, hogy a gondolatuk testet öltése az örök emlékezetben már létezik.

A bálnák tudata – vagy egyszerűen nevezve: energiamezője – tartalmazza azokat az információkat, amelyek szükségesek ahhoz, hogy a kvantumrezgés-részecskék

mögött lévő végtelen energiamezőből az információ el-
juthasson a másik világrendszerbe.

De most mondok egy érdekes dolgot! Megpróbálok
egyszerűen fogalmazni, mert tudom, hogy nem szere-
ted a bonyolult dolgokat...

Tehát! Vannak olyan pillanatai a Föld bolygótoknak,
mint ahogyan azt már megbeszéltük, hogy elfordítja tu-
datát önmagáról és arra emlékszik – vagyis marad meg az
örökkévalóságában –, amire épp figyel. Már azt is tudjuk,
hogy ez a figyelme fókusza által történik így. Előfordul,
hogy a figyelmét olyan fókuszpontra irányítja, amely –
bármennyire is furcsán hangzik – nem tudatos. Tehát
nem figyel! Pontosan úgy, ahogyan azt ti is teszitek...

Ilyenkor – úgy is lehet mondani – elhagyja önmagát,
és sorsát rábízza a véletlenre. Ugyanakkor már azt is
tudjuk, hogy véletlenek nincsenek, hiszen minden szá-
mításba van véve, és egyébként is, csak emlékeznie kell
a már jelen lévő számításaira! De mire is számít? (Ugye
neked is ismerős ez a kifejezés?)

A számítás akkor kapja a legjobb végkimenetelt, ha a
létező legjobbat figyeljük meg. Ellenkező esetben elvész
belőle az élet. Már a nevében is benne van – nem vélet-
lenül használom a „létező" szót!

Tehát ilyenkor közbe lép az a világrendszer, amiről
beszélünk, és „kisegíti" a Föld bolygó tudatát a létező
épp elérhető, legjobb variációjával. De nem a Föld boly-
gó variációjával, hanem a kristálytudatok általi – épp a
teremtés folyamatában lévő – magasabb létformájú in-
telligens megoldásokkal.

Ilyenkor – mivel egy rezgéshullámon léteznek – a vég-
telen tudatban eggyé válnak, és a kristálytudat világ-
rendszer veszi át a Föld bolygó helyét. Mintha egyszerre,

egy helyen két Föld lenne, teljesen átfedve egymást... Tehát – mivel tudjuk azt, hogy abból a nézőpontból, ahonnan én nézem, nincs tér és idő – már most is létezik egy fejlettebb tudatszinten rezgő Föld bolygó...
Ebből Ti nem érzékeltek semmit, mert minden a létező legnagyobb számításon alapszik. Tartsd tudatod ezen mondanivaló lényegén!

– Jól van, Roth, köszönöm, de szerintem én most megyek aludni!

– Szerintem is ez a létező legjobb variációja az estédnek!

39. beszélgetés

Üdvözöllek ismét a tudatom végtelen tartományában, ott, ahol a mindentudás kel életre!

– Üdvözöllek, Roth! Kíváncsian várom, hogy miről fogunk ma írni!

– Tehát! A létezéseteknek van egy olyan variációja, mely nyitott a változásra. Ez nem minden létezés rendszerben van így, ami azt jelenti, hogy nincs szándékukban a változás megtételére szükséges energiákat a gondolatuk útján megteremteni. Egyszerűen rábízzák magukat az abszolút véletlenen történő számításaikra.

Ez azt jelenti, ha olyan változás válik szükségszerűvé a létezésükben, ami elfordítja fókuszukat azoktól a rezgésektől, melyekben úgy tudtak összpontosulni, hogy tudatában voltak változásuk okának, akkor megmaradnak azokban a rendszerekben, ahol a változásnak egy olyan szinten kell megtörténnie, hogy rezgésével megváltoztassa egy másik, különálló rendszer alaprezgését. Tehát alaprezgéssel létezik minden olyan valóságrendszer, ahol a kvantumrezgés-részecskék mögöttes tartománya tartalmaz egy olyan kiszámíthatatlan rezgésrést, ahol a rendszerek információhalmazai kommunikálni kezdenek. Ezt ti morfogenikus mezőnek nevezitek, bár kihagytátok belőle azt a számítást, hogyha a mindenségben minden a mindennel összefügg, akkor a minden tartalmazhat olyan lehetőséget magában, ami nem indul el a kapott információ útján. Azaz mindig lesznek olyan kérdéseitek, amelyeket nem tudtok beleilleszteni ezen elveitekbe a morfogenikus mezőről...

Ne feledjétek azt el, hogy a rezgésréseitekben jelen lévő érzelmi DNS mintátok – ami összefüggésben van a Föld bolygótok DNS-ével – hordoz olyan információt, mely nem illeszkedik bele a Teremtő eredeti tervébe! A Teremtő eredeti terve pedig nem az volt, hogy párhuzamot vonjon a földi létezésetek megteremthető valóságai közé, mert a párhuzamos világok mindig ugyanazon a rezgéshullámon léteznek.

Lásd a pár nappal ezelőtti beszélgetésünket egy magasabb tudatszinten rezgő Föld bolygóról! A létezés egy végtelenül összetett folyamata a változásnak; gyakorlatilag semmit sem jelenthetünk ki biztosra, még azt sem, hogy te most az ágyadban fekve írod e sorokat...

Ezt csak azért mondtam most, hogy ne vedd olyan komolyan magad, hiszen te is hozzátartozol a rendszeredben lévő mesternek a tudásához!

– Ez jó, Roth! Nagyon érdekes, de nem tudnál még egyszerűbben fogalmazni?

– Jó, megpróbálom... Szóval! Légy részese – és te is, ki most ezeket a sorokat olvassa – a létezés olyan virágának, melynek magjai a gyökeréből erednek! Nincs kezdete, és nincs vége sem. A virágba borulás lehetősége már akkor jelen volt, mikor gyökeret fakasztott a létezésbe. Másképpen fogalmazva: a létezés egysége nem különíthető el részekre, mert a részek is a lehetőségeik által változnak.

Ennek a virágnak a szirmait érintik a világmindenség lágy szellőként jelen lévő, és változásra késztető magvai. Ezek a magok a kvantumrezgés-részecskék, a virág gyökerei pedig ezen részecskék energiahullámai. Próbálj így nézni legközelebb a virágra!

Érezd benne azt az esszenciát, melyben a virág tudatának tartományában lévő, örök változásért sóhajtó energiák vannak! Ígérem neked, ha így nézel legközelebb a természetre, a fákra, a virágokra, akkor olyan kapcsolatot tudsz teremteni a létezéssel, hogy utána már feleslegessé válik egy olyan létezést teremtened, amiben az egységtudatból kiragadott – általatok morfogenikus mezőnek hívott – tapasztalást nevezitek meg minden változás okaként.

A Teremtőnek nincsen szüksége szabályokra, hiszen ő maga a szabály! És mint tudjátok, a szabály alól mindig vannak kivételek...

A kivételek – értsd szó szerint, hogy kivétel, tehát valamit kiveszünk valahonnan – mindig szükségszerűek a teremtésben ahhoz, hogy egy olyan rendezett rendszerré váljon, melyből nem hiányozhat az sem, amit éppen kivesz a Teremtő belőle! Ti ezt az energia hiányának nevezitek a Földön.

De! Ahogyan most elmondtam, nincsen olyan, hogy hiány. Mert térjünk csak vissza oda, ahonnan elkezdtük! Üdvözöllek a tudatom végtelen tartományában ott, ahol a rendszerek megtöltik azokat a rezgésréseket, amelyekben hasonlóságot vélnek felfedezni, ott, ahol tudják, hogy a mindentudás hordozza őket magában, így olyan valami, ami nincs, nem létezik!

40. beszélgetés

Üdvözöllek a tudatom végtelen tartományában, ott, ahol az idő fogalma most valósággá válik! Természetesen a nézőpontjainknak megfelelően!

– Üdvözöllek Roth!
– Tehát! Azokban a rendszereitekben, ahol megélitek a tér és az idő fogalmát, és tapasztaljátok is azokat, megjelennek bennetek a határaitok.

Ez azt jelenti, hogy mindent, amit fel tudtok fogni, úgy láttok, ahogyan a tudatotokban megjelennek azok a fogalmak, amelyeket még képesek vagytok úgymond befogadni. Az én szemszögemből nézve nagyon korlátolt ez a valóság. Egyébként ez így van jól, nem is lehetne másképp, mint ahogyan van!

– Ez most olyan „Roth-os" fogalmazás volt...
– Persze, ez vagyok én, nem lehetek másképp. Ennek ellenére minden bennem van. Tudod, erről már beszélgettünk, azaz, hogy minden csak a nézőpontod kérdése. Egyébként nagyon jól megfogalmaztad a mai napon azt, hogy: „Légy a Teremtő pillanatában, és csodás utazásban lesz részed!"

Ha egy mondatban kellene összefoglalnunk a teremtés lényegét, hát ez lenne az. Bízom benne, hogy át is érzed ennek minden rezdülését!

A rezgések, melyek lágy szellőként érintenek téged, hová is tart az úton a tekinteted? Csak légy önmagad minden rezdülésben, s így találod meg utad a létezésben!

– Nagyon szépen fogalmaztál, Roth! Köszönöm a lélekemelő szavaidat!

– Igazán nincs mit! Ez is egy energia-kinyilatkoztatásom volt, ez is én vagyok... De folytassuk, amit elkezdtünk!

Tehát! Azok a számotokra még befogadhatatlan energiarendszerek, amelyek nem illeszkednek be a ti földi tudatosságotokba, olyan határokon belül jelölik ki önmagukat, ahol fókuszukat bárhová irányítani tudják – oda is, ahol megfelelő feltételek vannak az anyagban való megtestesülésre. Ez jelentheti éppen azt is, hogy világrendszereken átívelő tudatossággal teremtenek megtestesülést magasabb tudati dimenziók kivetülései.

Ezt úgy képzeld el, hogy a magasabb tudatszinten rezgő Föld bolygó – melyről már korábban beszéltem – abban a pillanatában, amikor átveszi helyét a Föld bolygótok tudatában, olyan információhalmazt hagy maga után, melyből olyan anyaggá való megtestesülés feltételi jelennek meg, melyek nem veszik figyelembe azt a hatást, melyet ti tér-időnek neveztek!

Olyan kommunikációs csatornán érkeznek a megtestesüléshez szükséges feltételek, hogy útjuk során már maguk sem tudják, mivé formálják magukat; mondjuk úgy, hogy elfáradnak az információk, és elengedik magukat éppen ott, ahol tartanak. Mit is jelenthet ez?

Tudjuk azt, hogy a minden tudatában minden készen van, és vár a testet öltésre. Számítsunk úgy, hogy nincs tér és idő egyszerűen csak van, egy rendszerbe zárt halmazban! Abban a pillanatban, mikor a rendszer befogadóvá válik a kiteljesedésre, az energiák áthatolnak a rendszeren, és anyagot öltenek egy párhuzamos világban. Ez a párhuzamos világ most a ti bolygótok, a Föld! Mivel egy magasabb tudatszintről érkező információ teremti meg önmagát egy tér-idő nélküli valóságszerkezetből, így fordulhat elő, hogy olyan anyagba nemesedett energiákat találtok a Föld bolygón, melyet a ti tudatosságotokkal megteremteni nem tudtok!

Tehát ebben összpontosulnak azok a – ti számításaitokkal szólva – jövőből érkező információk, melyet a civilizációtok múltjában akartok megtalálni. Tudd azt, hogy ez nem lehetséges, már csak azért sem, mert a kristálytudatok teremtették meg a saját, vagy a ti új tudatosságotokból. Ezek az úgymond itt felejtett információk. Jó úton haladtok, de a teremtést ne a lineáris időszerkezetetekben keressétek!

Nem állja meg helyét az a feltevésetek, hogy egy nálatok fejlettebb civilizáció hagyta hátra az ősi tudást. Pont ellenkezőleg; a jövőből érkező információ hagyta hátra magát nektek! Nem véletlen, hogy nem értitek üzenetüket, mert ez is benne van a számításban. Mindent idejében, sem előbb, sem később. Nem érett még a fajotok ezen titkok feltárására.

Igazából nem is nevezném őket titkoknak, mert nagyon is nyitott rendszerben mozognak. Épp csak ti nem tudtok olvasni az energiákból, illetve nem tudjátok befogadni a tér és idő nélküli valóságszerkezetet, pedig abban minden nyitott, még más valóságrendszerek elérése is! Erre csak azt mondhatom, hogy a tudati kommunikáció az, ami a legjobb üzenet küldő és befogadó. Nézz meg bennünket! Te az ágyadban írod le egy test nélküli tudat információs halmazát, ami a ti nyelvetekre lefordítva azt jelenti, hogy beszélgetünk... De te sem lehetsz biztos abban, hogy a mi kapcsolatunk is nem egy jövőből érkező információ-e, mely itt hagyta magát, és éppen most formálod múlttá! Ez nagyon is lehetséges, ha azt vesszük alapul, hogy a mondanivalóm lényegét nem fogják tudni értelmezni...

De mindez okafogyottá válik abban az esetben, ha mint információt, egy rendszerbe tudod foglalni. Ez a rendszer pedig a könyv. Mondhatjuk úgy is, hogy most olvasod a könyv szavait, miközben írod! Honnan tudod? Sehonnan! Épp csak biztosra veszel valamit, aminek semmi valóságalapja nincs... Ezeket nevezitek ti feltevéseknek.

Valóságalapja épp csak azért nem lehet, mert minden csak nézőpont kérdése. A valóságrendszerek az általatok figyelembe vett nézőpontok szerint változnak. A szilárd szerkezetek magukban foglalják az anyag azonnali, energiára való gondolását. Ezért nem lehetünk biztosak semmiben, mert megfelelő tudati ráhatással minden az atomjaira hullhat szét! Ez a formák teremtésének a lehetősége...

Ezért, ne vedd komolyan a szilárd halmazállapotot magad körül – értem ez alatt az anyagot –, mert az valójában nem létezik!

A minden tudatában – annak végtelen lehetőségei közül – éppen most formálódik azzá, aminek te látod és érzékeled...

Tartsd tudatod a rendszereid változtatására használt nézőpontodon! Jó elmélkedést kívánok!

– Köszönöm, Roth!

41. beszélgetés

Üdvözöllek a tudatom végtelen tartományában, ott, ahol a rendszerek elkezdik felfogni a dimenziók tudatosságát!

– Én is üdvözöllek, Roth! Most, ahogyan elolvastam a bevezetődet, már látom, elég összetett fogalmakról fogunk írni.

– Nem összetett fogalmak ezek, hanem valóságrendszerek! Tudni kell a szavakat helyesen és a helyükön használni...

– Köszönöm, Roth, hogy figyelmeztetsz rá!

– Nem figyelmeztetlek, csak ajánlom figyelmedbe mondanivalóm lényegét, persze csak akkor, ha elfogadod a tanácsot tőlem, egy öreg bölcstől.

– Természetesen, szívesen fogadok mindent! Csak arra kérlek, Roth, lassabban diktálj majd, hogy könnyebb legyen lejegyeznem.

– Látom, jól megy a dimenziós festés is!

(Itt tudni kell azt, hogy a beszélgetést megelőző napokban – mintegy belső indíttatástól vezérelve, szinte automatikus kézmozdulatokkal – érdekes hangulatú, színes hátterek előtt szárnyaló angyalokat és fénylényeket kezdtem el festegetni...)

– Oh, igen! Képzeld, nagyon tetszik! Alig várom, hogy holnap is fessek! Olyan különleges élmény ez nekem, hiszen akkor volt festőecset a kezemben, amikor a kislányom még kicsi volt. Érdekes, mert igazából festeni sem, és rajzolni sem tudok.

– Nekem nem úgy tűnik... Várd csak ki a végét, mivé fog még alakulni a dimenziós festésed!

– Elmondod?

– Eddig ugyan miről írtunk oldalakat? Azt írtuk, hogy a Teremtő számításaiban az is benne van, aminek nincs tudatában. Tehát véletlenszerűen is felbukkanhatnak a számításaiba nem vett lehetőségek.

Tessék, itt van rá egy – szó szerint – élő példa! Igazából te sem számítottál rá, hogy valaha dimenziós képeket fogsz festeni, és megtölteni az Univerzum rezgéseivel...

– Hát nem! Az egyszer biztos!

– Szóval, ha már eleget elmélkedtél, akár kezdhetjük is az írást.

– Rendben, Roth.

– Tehát! Azok a dimenziószerkezetek, amelyek a legközelebb állnak a Teremtő valóságrendszerekről alkotott azon elképzeléseihez, ahol olyan információk halmaza található meg, amelyekben a létezésről alkotott fogalma megegyezik azzal az információval, amelyet magában hordoz, mint rendszer.

Ez azt jelenti, hogy vannak olyan valóságrendszerek, amelyekben az információk soha nem lesznek elérhetőek; még a Teremtő számára is az örök megtapasztalhatatlan tartományában maradnak. De! Itt jön az általam sokat emlegetett kettősség!

A neve, vagyis a név mögötti energia is – ami ebben az esetben a megtapasztalhatatlanság energiája – egy egész rendszert alkot a maga energiájában. Ez pedig azt jelenti, hogy van a Teremtő valóságában egy olyan tartomány, ahol a nevében is benne foglaltatik az az energia, amely a MEGTAPASZTALHATATLANSÁG elvén – vagyis a halhatatlanság, az örök élet esszenciáján – létezik. Mert akár hiszitek, akár nem, az emberi fajotok anyagi szerkezete is lehet – úgymond – halhatatlan! Ez is benne van a Teremtő számításaiban...

Sokat foglalkoztok ezzel a témával a Föld bolygón, és különböző elméleteket állítotok fel a fizikai test örök életével kapcsolatosan. Rendjén- és helyénvalók is a feltételezéseitek abból a nézőpontból és hitrendszerből kiindulva, amellyel ti a földi élet feltételeit teremtitek. Abban az energiarendszerben, ahol az örök élet esszenciáját őrzik, léteznek a legmagasabb tudattal teremtő, manifesztálódott energiák!

A kristálytudat manifesztálódott energiája azokat a gondolatokat teremti örökkön-örökké, amelyeket figyelme fókuszával – az általatok örömnek, boldogságnak, szeretetnek, szerelemnek stb. hívott rezgéseire figyelve – egy olyan rendszerbe helyez bele, ahol ezeknek a rezgéseknek soha nem lesz végük.

Ez azért kell, hogy így legyen, mert minden örök esszenciája maga a szeretet! Csak ez állandó és változatlan a létezésben. Tehát kell, hogy legyen egy olyan rendszer, amelyben csak a szeretet rezgése tudatosul önmagára! Tudjuk azt, hogy minden ezáltal van és létezik a mindenségben. El sem tudod képzelni azt a tudati energiát, amely ebben a rendszerben összpontosul! Felfoghatatlan!

Az emberként való létezés egyébként – ha a ti időtökben számolunk – 120 év körülire van tervezve. Furcsán hangzik most, hogy „tervezve", pedig így van, mert ez egy pontosan számításba vett lehetőség, ha figyelembe vesszük azt, hogy az örök létezés esszenciájából mennyit tudtok felfogni. Természetesen ez egy bennetek rezgő dimenzióvalóság, ugyanakkor a földi tudat számára maga a rendszer elérhetetlen.

Az emberi testet – mint lehetőséget – a kristálytudat létezői teremtették meg azzal a szeretetteli céllal, hogy a Teremtő mint halandó test tapasztalhassa meg önmagát a mindenségben.

A földi létezés célja nem az örök élet, hanem az örökkévalóság, a szeretet megtapasztalása a halandóságban! Ez adja meg az örök élet esszenciáját egy olyan tudatban, mely tisztában van a lélek halhatatlanságával.

– Roth, akkor most azt mondod, hogy az emberi test lehetne akár halhatatlan is?

– Igen, azt. Fenn lehetne tartani egy olyan fókuszponttal, amellyel a kristálytudatok megfigyelnek titeket. Esetetekben viszont nem elég a megfigyelés, nektek kellene még ehhez az örök befogadás. Mivel erre nem vagytok képesek, és nem is erre lettetek – úgymond – gondolva, a Teremtő szabad akaratot „adott" nektek abban, hogy egy adott határon belül meddig teremtitek önmagatokat. Teljesen rátok bízta önmagát, de ne éljetek vissza a bizalmával! Ezt csak úgy, kedvesen jegyeztem meg...

Tehát, szebben fogalmazva: az örök élet esszenciáját ne a változatlanban keressétek, hanem a lélek öntudatra ébredésében! Adjatok szárnyat neki! Ne az örökkévaló életről álmodjatok emberi testben, mert nem ez adja meg a lélek végtelen nyugalmát! A lélek végtelen nyugalmát a Teremtőbe vetett hit adja, az, hogy rábízod magad a szándékára. A szándékból pedig végtelen csoda terem. Csak érezd, hogy létezel, hogy vagy! Ez adja meg a végtelen nyugalmat neked és a Teremtődnek is, hiszen egy vagy vele! Te vagy az örök élet esszenciája, a Teremtő forrása önmagához.

– Köszönöm, Roth, hogy ilyen szépen fogalmaztál!

– Mondjuk úgy, hogy megpróbálok én is több nyelven szólni hozzátok, hiszen nehéz témák ezek! Az emberek kutatnak, keresnek, és magyaráznak, de nem találnak... Van egy olyan mondásotok, hogy „Az igazság odaát van!" Mennyire igaz ez! Az élettel törődjetek! Azokat az információkat a létezésről, amikről írunk, vegyétek egy könnyed olvasmánynak vagy egy érdekes nézőpontnak, hiszen az se nem több, se nem kevesebb! A valódi látást és megértést önmagatokban keressétek, mert igazából ez adja meg a lehetőséget az örök életre!

– Köszönöm, Roth!

– Én köszönöm, hogy kinyilatkoztathatom magam általad! Minden nagyrabecsülésem találjon önmagára az emberi létezésben! Tartsd tudatod ezen fogalmak rezgésfrekvenciáján!

– Úgy teszek!

42. beszélgetés

Üdvözöllek a tudatom végtelen tartományában, ott, ahol a magasan rezgő tudati energiák a figyelmük fókuszával meghatároznak benneteket!

Vannak bizonyos rendszereitek, melyek olyan energiákkal vannak telve – amelyekről már az előző beszélgetésben is volt szó –, ahol a magasabb rendű tudatok olyan belső fókuszpontot tudnak találni önmagukban, hogy találkozni tudnak a ti tudati energiáitokkal. Ez azt jelenti, hogy ilyen módon érzékelni tudtok egy magasabb tudati behatást. Ez érvényes a Föld bolygótokra is.

Mit is jelent ez? Hogyan kell értelmeznetek?

Tehát! Vannak tudatok, amelyek olyan fókuszponttal teremtik meg saját valóságukat – amiben a rendszerek olyan mértékig tudnak tágulni –, hogy egyfajta tudati ráhatással benneteket is bele tudnak fókuszálni!

Egyébként ez nem véletlenül történik, hanem egy meghatározott számításon alapszik, arra az esetre, ha a tudatotoknak hirtelen – úgymond – „váltásra" van szüksége. Természetesen egy magasabb tudatszintre való lépésről beszélek.

De ez nem úgy történik, mint ahogyan azt ti értelmezitek a Föld bolygótokon! Ne úgy képzeljétek el a tudatszint-váltást, hogy magasabb szintű és egy teljesebb érzékelés felé tart az emberi fókuszotok, és ezáltal az emberi fajotok! Ez nem ebben a formában nyilvánul meg. Gondolj csak bele, hogyan is történhetne mindez így, mikor már leírtuk, hogy a létezésetek a szeretet rezgésén alapszik! Ez minden, ami van! Tehát benne vagytok, nem pedig haladtok felé, úgy, ahogyan mostanság sokatok értelmezi ezt!

Magasabb renden létező tudatok olyan szinten tudnak önmaguk tudatába fókuszálni titeket, hogy a bennetek rezgő kvantumrezgés-részecskék úgy keverednek az övékével, hogy pillanatnyi információcsere történik köztük. Mivel a kvantumrezgés-részecskék is végtelen intelligenciával bírnak, ők is képesek fókuszálni tudatukat!

Abban a pillanatban, amikor – az én szemszögemből nézve – elfordítják fókuszukat a magasabb rendű elvek felé, a végtelen pillanatában meg is maradtak. Tehát a Teremtő emlékezetében mint hologram lesznek jelen ezek az úgymond végtelen pillanatok. Ekkor egy magasabb rend veszi át a tudat tartalmát. Ilyen esetben kaphattok olyan információt, amely – ha elég energiával rendelkezik – megfoganhat bennetek, akár egy szerencsés végkimenetelt adva bármilyen történésnek.

A Föld bolygón élő emberi fajnak nem könnyű egy magasabb tudatszintre lépnie, hiszen a létezésetek – mondjuk úgy – anyagi megtestesülés, anyaghoz kötött gondolatokkal. Ez nem baj, mert ezért a tapasztalásért vagytok itt, ebben az időtlen időtökben. Ezt értheted szó szerint is! Ez azt jelenti, hogy az időtlen időtökben egy magasabb rendű tudati energia olyan fókusszal figyel rátok, ahol tudatába kerültök teremtő erőiteknek!

Ennyi a feladatuk! Sosem avatkoznak bele abba a történetbe, amit ti valóságnak éltek meg, mert tudják, bármerre fókuszáltok, az a Teremtő szándéka is egyben. Azt pedig egyetlen magasabb rendű tudat sem vonja kétségbe, hiszen minden az egységben létezik és teremti önmagát.

Viszont ha tudatosak vagytok önmagatokra – ezt nem győzöm elégszer hangsúlyozni –, akkor megtapasztalhatjátok önmagatokon belül, hogy mit is jelent egy magasabb rendű tudatban létezni! Ezzel olyan energiahálót teremtetek meg a tudati energiák között, ahol a fókuszpontotok képes lesz az információcserére, amely természetesen hozzásegíthet benneteket egy olyan történés végkimeneteléhez, amely a létező legnagyobb rendű tudatban válik a legjobb végkimenetel emlékezetévé...

Csak rajtatok áll, mit választotok! Az élet csodálatos és nagyszerű. A végtelen tudatban utaztok, és megannyi fényes csillag vezeti utatokat. Ne álljatok meg a sötétben, bár az árnyék is hordoz áldást magában! A fény megszentelt pillanata az, amely az örök gondolat magasztos fényével kísér benneteket.

Csak nézzetek fel az égre; ott vagyok én is! Nézz rá a virágra; benne vagyok én is! Tekints bele a világba, s kérdezd meg, ki az, aki mindezt érti! Ha megtaláltad a választ, szerencsés vagy, mert megérted, hogy mindaz, ami most történik, nem más, mint a létezés önmagára eszmélése egy olyan álomból, amely nem ismerte a szeretet és az egység fogalmát...

Minden a legnagyobb rendű elvben létezik!

– Köszönöm, Roth! Ez ismét egy nagyszerű írás!

– Én köszönöm, hogy világot adhatok szívetekbe! Ez a tudat kísérjen benneteket most, és az örökkévaló pillanatában!

43. beszélgetés

Üdvözöllek a végtelen tudatom tartományában, ott, ahol a gondolatok olyan kvantumrezgés-szinten rendeződnek össze, hogy kellő figyelemmel kikerülhetsz energiahálójából!

– Én is üdvözöllek, Roth! A jelenléted megkönnyebbülést hoz nekem ebben a helyzetben.

– Ha megkönnyebbülést hoz a létem számotokra, akkor – fogalmazzunk úgy – azt az érzést tolmácsolom felétek, amit ti örömnek éreztek. Valójában a legnagyobb megkönnyebbülést csak ti tudjátok megadni önmagatoknak azzal, ha nem azonosultok a világ zajával – nem csak most, hanem soha!

Nem véletlenül mondom el – ahogyan most sem –, mindig tartsd tudatod a létező legmagasabb gondolataidon! Így határozod meg önmagad, most és mindörökké!

– Roth, nagyon szeretném tudni, hogy mit szólsz a világ mostani történéseihez?

(Ezt a kérdést 2020. március 23. napján tettem fel Rothnak, és a „történések" alatt az egész világot érintő koronavírus-járványt értettem.)

– Először is azt látom – de nem figyelem meg benned! –, hogy eléggé „elföldiesedtél" mostanság. A „megfigyelni" szót nem véletlenül hangsúlyoztam, mert egyszerűen nem figyelem ezt a részed. Neked sem kellene!

Egyszerű a válaszom, pedig biztosan tudom, hogy mást várnak az emberek egy magasan fejlett tudattól vagy fénylénytől. Tehát a válaszom egyszerű és tömör: Semmit sem szólok hozzá! Ez azért van így, mert nem figyelem meg. Nekem sem kell a létezés mindegyik aspektusát megfigyelnem. Nekem is van szabad akaratom, és ezt – mondjuk úgy – jól is használom!

Tudjuk azt, hogy ott az energia, ahová a figyelmed fordítod. A Föld bolygó tudata és az emberek tudata is – minden egyes lélegzetvétellel és kifújással – befogad és kiárad, a közöttük lévő SEMMIBEN pedig ott van a VÉGTELEN. Abban pedig benne van a MINDEN...

Ez azt jelenti, hogy fókuszpontomat oda fordítom, ahol az evolúció, vagyis az emberi fajotok fennmaradásának az érzelmi és gondolati kódjai vannak. Hogy is van ez?

Azokban a meghatározott tudati energiákban, amelyekben – működési elvük szerint – tovább kell „vinni" az emberi faj evolúcióját, el kell tekinteni azoktól a rendszerektől, amelyek azt az információs halmazt tartalmazzák, hogy ennek nem így kell történnie! Erről már

beszélgettünk egy korábbi fejezetben is, azaz: Csak raj-
tatok áll, hogy mit választotok!

A történéseitek ellenére a fény ölel körbe benneteket.
Igaz, hogy nehéz idők járnak a Föld bolygótokon, és el is
kel a segítség. De! Azt is magatoktól kapjátok, mégpedig
úgy, ha rájöttök arra, hogy az eddigi gondolat-rendsze-
reitek nem működtek jól. Ez azt jelenti, hogy a forráse-
nergiáitokra kell rátalálnotok, akik szintén ti vagytok,
hiszen semmi és senki nincs rajtatok kívül!

Ezt a KELL szót ne úgy értsd, ahogyan ti azt általá-
ban értelmezitek – mert semmit sem KELL megtenne-
tek –, inkább úgy, hogy bármit megtehettek, mert min-
den rajtatok áll vagy bukik! Ezért is nem szólok semmit,
mert minden úgy van jól, ahogyan van, hiszen tudjuk,
hogy másképpen nem is lehetne.

Ez viszont egyben egy lehetőség arra, hogy megteremt-
sétek azt, ami eddig nem volt. Az pedig, ami eddig nem
volt, az tartalmazza mind azt a lehetőséget, ami még le-
hetne! Ez az egyik nagy titka a létezéseteknek, ami egy-
szerű, de végtelen megtapasztalást adhat...

Egyébként minden a legnagyobb rendben van, nincs
miért aggódnod! Ezt csak baráti tanácsként mondtam.

– Szeretek veled beszélgetni, Roth!

– Mondjuk úgy, hogy jobban jársz, ha a figyelmed
most rajtam van, mint máson. Ez is egy út a végtelenhez!

Az emberek valahogy nem szeretik vagy nem szokták
meg a végtelen lehetőségek útját járni. Megállnak egy
gondolatnál, és így teremtenek. Ez azt jelenti, hogy csak
abban a gondolati rendszerben működnek, amelyre fó-
kuszálnak, pedig a végtelen szabadságot abban találnák,
ha gondolataikat önmagukon túlra helyeznék.

A magasan fejlett létezők is pont így tesznek! Ez adja meg egy olyan civilizáció alapjait, amelyben a tudati evolúciós fejlődés megteremthető lesz az emberi fajotok számára.

A fény, az ősrobbanás emléke mindnyájatokban ott él, de mi is az a fény? Valójában nincs olyan, hogy fény, mert minden az! Tartalmat és fogalmat az árnyék, a sötétség ad neki, ami szintén nem létezik! Akkor mi is az, ami van?

Semmi sincs a MOSTon kívül! Az kizár minden fogalmat, ugyanakkor minden benne foglaltatik...

A fény, a VANság olyan elven működő energiahullám, amely az örök megújulás pillanatában az egység, az eredet felé összpontosítja önmagát.

Mivel az ősrobbanás egy tér-idő nélküli valóságban újra és újra megtörténik – vagy mondjuk úgy, hogy csak ez van, ami létezik, mert a figyelemenergia hatására minden mást kizár a rendszeréből –, így semmi más nincs, csak az örök fény. Ez pedig maga az eredendő gondolat...

Azt is megbeszéltük már, hogy az eredendő gondolat is egy lehetősége a létezésnek, mivel visszaemlékezik az eredetére, mint lehetőség a megnyilvánulásra.

Tehát sejteni vélitek, hogy az az Univerzum, amelyet jelenleg ismertek – tudósaitok és kutatóitok feltevései szerint is – nem más, mint egy olyan elven működő rendszer, amely a benne lévő információs halmazt saját maga felé fordítja.

Ez viszont egy magasabb rendű elvben nem állja meg a helyét, mégpedig azért nem, mert a Világegyetem energiája is arrafelé fordul, ahonnan és amilyen tudatállapotból figyelik. Gyakorlatilag és szó szerint arrafelé hajlik!

Ezért minden, amit a tudósaitok és kutatóitok állítanak, nem más, mint a valóság olyan mértékű torzítása, mint amilyen nézőpontból vizsgálják. Sosem hagyjátok, hogy meghaladja az elképzeléseiteket, hiszen ez hogyan is lenne lehetséges egy olyan földi rendszer tudatában, ahol az emberek a saját rendszereiket egy zárt információs halmazban figyelik meg? Így jönnek létre a torzítások és a magyarázatok...

Tehát maradj a MOSTban és ne keress válaszokat, ha rám hallgatsz! Helyette inkább élj! Élj, mert az élet esendő! Állj ki önmagadért és ne hagyd, hogy a te Univerzumodat is úgy hajlítsák, hogy közben kiveszik a tartást a kezeidből!

Ezt mindig tartsd szem előtt, és mindenki más is, ki majd ezeket a sorokat olvassa! Így lesz ismét egységben a létezésetek önmagatokkal, és ekkor válik majd okafogyottá minden keresés, mert a válasz te magad vagy!

Tartsd tudatod azon a rezgésfrekvencián, mely a nyugalmat hozza el neked!

– Köszönöm, Roth!

44. beszélgetés

Üdvözöllek a tudatom végtelen tartományában, ott, ahol az Univerzum az általa vélt valóság felé görbül!

– Üdvözöllek, Roth! Köszönettel veszem szavaidat, már vártalak! Nem is tudom, mit mondjak... Úgy fogalmazhatnám meg, hogy nem voltam formában. Vagyis kiestem az áramlatból?

– Olyan nincs, hogy nem vagy a formádban, hiszen tudjuk, hogy minden energia, még a formád is az. Tehát nem teszek különbséget benned abból a nézőpontomból, ahonnan megfigyellek. Ugyanakkor te önmagadat az Univerzum egy elkülönült részeként ismered, így érezheted azt, hogy kiestél az „áramlatból". Pedig az igazság az, hogy mindig benne vagy, hiszen az Univerzum te magad vagy.

Bevezetésképp ennyit!

Most már kezdjük, mert komoly dolgokról fogunk írni! Természetesen a teljes valóságot nem lehet szavakkal megfogalmazni, így irányoknál és elveknél maradok, amelyek közelebb visznek a valósághoz. Tudod, ahogyan mindig mondani szoktam, a szavak mögötti energia az, amire figyelj!

Tehát! Vannak azok az eddig ismeretlen rendszereitek, amelyek olyan szinten változnak – és ezáltal olvadnak bele a Mindenségbe –, hogy hirtelen változásuk okául nem ismerik fel saját természetüket. Mit is jelent ez egy olyan történés közepette, amit most éltek meg a Föld bolygón?

(A beszélgetést 2020. március 31. napján jegyeztem le, így az aktuális „történés" alatt még mindig az egész világot érintő koronavírus-járványt lehet érteni.)

Van egy adott rendszer – ezt, mondjuk nevezzük piros rendszernek –, ami meghatározott tulajdonság alapján működik, mégpedig úgy, hogy nincs tisztában azzal az elvvel, ami szerint működik.

Mivel egy különálló rendszerként ismeri fel önmagát a mindenben, nem tud tudatos lenni az – úgymond – önmagán túl eső részeire.

Ha ez nem így lenne, akkor a megnyilvánulásához nem kellene olyan energiahalmazt találnia, amely szintén nem tudatos a korlátain túli létezésre. Azt a rendszert (halmazt) pedig, amiben megnyilvánul, nevezzük, mondjuk kék rendszernek, vagyis embereknek!

Na, most figyelj! Nem véletlenül mondtam a piros és a kék színeket, mint egy-egy rendszer meghatározását. Ez azért van így, mert amit ti színekként fordítotok le, azok az én szemszögemből nézve olyan információhordozók, amelyek mikrobiológiai rendszereket tükröznek vissza önmagukból.

Ezekben a rendszerekben olyan kölcsönhatás teremtődik meg az energiahalmazok között, hogy ily módon azok – azon információk mellett, amelyek egy emberi szervezetben mikrobiológiai szinten megtalálhatóak – tartalmazzák azt a visszatükröződést is, amelyben elindulhatna egy olyan folyamat, aminek eredményeként nem lenne szükség arra, hogy az önmagát nem ismerő rendszer öntudatra ébredjen, tehát a szavaitokkal élve, fertőzéssé váljon.

Lefordítva ezt a számok rendszerében: M22 = 0:56. Tudjuk azt, hogy a Teremtő ebben a részében figyeli azt a részét, amely az emlékezete pillanatában kívül esett a befogadásán... Viszont ha ezek a rendszerek – vagy nevezzük mikrorészecskéknek – nem tartalmaznák ezt az információt, a mutáció nem valósulna meg. Ez pedig azért nem lehetséges, mert minden, ami egyszer útjára indult, addig nem térhet a végtelenbe, amíg meg nem ismerte létező variánsait!

– Roth, mit jelent ez a matematikai képlet?

– Neked, nektek semmit! Ez egy zárt rendszer, hiszen nem fogtok fel semmit a mögöttes energiából. Erről is volt már szó korábban, azaz arról, hogy a Mindenség a létező legnagyobb számításon – tehát energián, ami maga a

188

szeretetenergia – alapszik! Minden más, ami alatta van, egyidejűleg magába is foglalja azt.

– Hogy érted azt, hogy alatta?

– Úgy értem, hogy ha a legnagyobbat osztjuk valamivel, mindig egy kisebb rendszerré teremtjük. Viszont az én nézőpontomból nincs kisebb, sem nagyobb, csak a létező legnagyobb elv van.

A matematikában ti úgy ismeritek, hogy a nulla nem osztható, mert az, ugye, nulla. Én pedig azt mondom, hogy – az én szemszögemből nézve – a nulla, mint energia, ugyanolyan végtelen, mint bármely más energia! Ugyanakkor véges is, mivel egy önálló rendszert is képez... Tehát ne gondolkozzatok a matematikai megoldáson, mert a jelenlegi tudásotokkal nem fogjátok megfejteni! Az energia az, ami lényeges!

El fog jönni az idő, amikor valaki ezt az információt majd azon a szinten tudja felfogni, hogy az valós megoldásként vezethet el egy olyan evolúciós fejlődéshez, amely a járványokban tudatosul önmagára. A kérdésedre visszatérve, nem határozza meg önmagát a Teremtő akkor, amikor megfigyeli a befogadásán túl eső részét, ugyanis az bármi lehet! Ha ez nem így lenne, akkor az a „bármi" nem lehetne például egy olyan rendszer, amit ti vírusoknak neveztek...

Tehát a Teremtő nem „ragad le" egy elképzelésénél, hanem megadja nektek a lehetőséget arra, hogy azt lássátok meg benne, amit ti szeretnétek látni. Ebben áll a szabad akaratotok...

A Teremtő áldjon meg benneteket!

– Köszönöm, Roth!

45. beszélgetés

Üdvözöllek a tudatom végtelen tartományában, ott, ahol az energiák olyan szinten lépnek egymással kölcsönhatásba, hogy érzékelhetővé válik számotokra is egy olyan dimenzióvalóság, ahol a mindenek lehetőségei rejlenek!

– Üdvözöllek, Roth! Úgy látom, most sem lesz egyszerű a téma, amiről írunk...

– Nem lesz egyszerű, de a végtelen tudatosság a mögöttes tartalom!

– Igen, Roth, a végtelen tudatosság... Úgy érzem, most nekem nem sok van belőle!

– Nem is lehet belőle sok, ugyanis nem lehet részekre bontani a tudatosságot, mert az az egész, vagyis az egység, ami van. Tehát ezt sem használhatod kifogásként nálam, mert – úgymond – nem hiszek neked!

– Köszönöm, Roth, mindig megvigasztalsz! Ezt viccesen mondom!

– Igazán nincs mit, rám mindig számíthatsz! Én pedig komolyan mondom! Jó példa okául, érezd csak a mögöttes tartalmat! Amiről már sokszor beszéltem, azaz, hogy minden a létező legnagyobb számításon alapszik. Tehát, mit is jelent ez? Azt, hogy rám mindig számíthatsz.

Szóval ha megtalálsz magadban engem, vagy bárki, aki ezeket a sorokat olvassa, vagyis ha találsz egy magas esszenciájú gondolatot a te saját Univerzumodban, az adja meg valójában „A minden a számításaid szerint történik" elv alapját.

Ha saját magaddal számolsz – ugye tudjuk, hogy a Teremtő is ezt teszi folyamatosan, a létező legnagyobb elven –, akkor nem kell mások számításaira alapoznod a létezésedben!

Mit is jelent ez? Egyszerűen azt, hogy a számításaitok nem tükrözik a Teremtő azon elképzelését önmagáról, hogy a létező legnagyobb elv alapjain lélegzik! Tehát rábízzátok magatokat a Teremtő azon részeire, amelyek az önmagáról alkotott elképzelésein túl léteznek! Érted ugye a mondanivalóm lényegét?

– Hát, nem...

– Nem baj! Érteni nem érted, de nem is kell... hahaha, de tapasztalni viszont tapasztalod a hatását! Nézz szét, mi történik most a világotokban!

Mit is jelent lélegezni? Befogadsz és áradsz. A lélegzetvételek közötti rezgésrésben van a végtelen lélek, aki, ugye, te vagy. Tehát ott kapcsolódsz a mindenek lelkével, a Teremtő esszenciájával. Mit gondoltok, hogyan terjed a vírus? Ki- és belégzéssel!

Szóval ha a Teremtő rátok hagyta azt a döntést, hogy bármit megtapasztalhattok számításaitok alapján, akkor ebben az is létjogosultságot kap, hogy egyszerűen nem veszitek figyelembe a lélek azon részét, mely általatok nyilvánítja ki önmagából azt a részét, mely a lélegzetvételeitekben tudatosul önmagára.

Ezért védekeztek mesterségesen, maszkokkal egy olyan tükörkép ellen, amely – más hiányában – kénytelen benneteket az egységre ébreszteni!

46. beszélgetés

(Ezt a beszélgetést 2020. április 10. napján, Nagypénteken jegyeztem le)

Üdvözöllek a tudatom végtelen tartományában, ott, ahol a rendszerek megállják a helyüket a létezésben!

– Én is üdvözöllek, Roth!

– Úgy érzitek, nehéz idők járnak. A lélek végtelen csendjében különböző gondolatok és érzések járják be a maguk útját. Ne siettesd őket, hadd legyenek részesei ők is e létezésnek! Hiszen a Napnak sugara is élteti az Univerzumot, mert az Élet van benne úgy, mint benned. Halld meg hát szeretetteli üzenetem! Van egy kereszt a domb túloldalán, ott, ahol a gerle párt talál. Ráül egy elszáradt ágra, oda, melynek nincs már hajtása.

Elgondolkodik a létezésen, de valahogy mégsem érzi magát a lélek egységében. Eszébe jut Jézus, és a feltámadás napja, mégis, szívében a szomorúság van ma.

Olyan, mintha kalitkába zárták volna, ahonnan még a szent igét sem hallja. Hirtelen meglát egy angyalt a messzeségben, ki hófehér tollat tart jóságos kezében.

Odaadja a gerlének, ki nem érti mindezt, hogy mit is kezdjen most e váratlan vendéggel.

Az angyal nem szól semmit, mégis érti minden szavát, hiszen a szív csendjében mindenki nyugalmat talál.

Majd rámutat a keresztre, mely ott áll némán, belepte már a fű, hisz' nincs lélek, ki arra jár.

Szomorúság ereszkedett a tájra, pedig telve van élettel, csak nincs, ki meglássa.

De ez is egy érzés, pont úgy, mint a szeretet, csak hát az emberek mégsem ezt élik meg.

Olyanok, mint a gerle, ki néz a messzeségbe, pedig amit keres, ott van a közelében.

Nem látja azt, mit Jézus igen, és tévedésből azt hiszi, hogy ilyen az ünnep. Megszólal egy hang a szívében, s azt mondja csendben: Isten vagy, hát ne szenvedj, mint Jézus a kereszten!

A megváltást nem ez hozza el néked, hanem az érzés, mely az egységre ébreszt.

Nagy ez a lecke, mit feladott most az élet, találd meg hát benne, mi üdvös a lelkednek!

Hidd el, ha borús gondolatok járnak az eszedben, olyan leszel, mint a gerle a régi kereszten!

Pedig tudja ő is jól, hogy tud repülni, csak a gondolatok most gúzsba kötik. Ünnepelj inkább a létezésben, s tudd azt, hogy szabad vagy a mindenség szívében.

Eljön az idő nemsokára, mikor szabadon szállhatsz ismét, s az, hogy merre visz utad... hát kérdezd meg a gerlét!

Tudja a választ ő már a szívében, hiszen nincs más út, hogy megtudd, miért imádkozott Jézus a kereszten.

S feltámadsz te is, mert magad vagy az élet, s ekkor keresztútjaidon Jézus is megfogja a kezed.

Így válik valósággá, mit a Szentírás üzen, mert a szeretet nem egy mondában, hanem benned kel életre...

– Köszönöm, Roth, csodálatos gondolatok!

Menj, öltöztesd szíved ünneplőbe, mert ez az, ami a legtöbbet adhat most neked, és a világnak!

47. beszélgetés

Üdvözöllek a tudatom végtelen tartományában, ott, ahol a történések szinkronban vannak a lelki megtestesülésetekkel!

– Üdvözöllek téged én is, Roth! Tegnap nagyon jót beszélgettünk, tetszett, amit a kedves barátom névnapjára üzentél!

– Nekem is! Örülök, hogy hozzájárulhatok a létezéshez.

– Most azon gondolkodom ismét, hogy mit is mondjak neked hogylétemről.

– Ne mondj semmit, csak éld meg önmagad, most ennek van itt az ideje! Dicsérd a magasztost! Légy jelen, merülj el a rezgésréseidben, és tapasztald meg a végtelent!

Fogadd el emberi önvalódat, ne tagadd meg azon részeidet, melyek csalódást okoztak vagy okoznak neked! Ugyanis ettől vagy teljes – ahogyan mindenki más is –, mert valahogyan csak kell látni a világot, amiben létezel, vagy a világot, ami benned létezik. Változik minden, ezt már megtanultuk, így ne adj nagyobb jelentőséget, vagyis figyelmet, mint amennyit a pillanat elvár!

De! A pillanat az maga a végtelen lélek, hiszen hová is pillantasz, mit is figyelsz meg, magad sem tudod... Honnan is tudnád, hiszen a pillanat is te vagy, aki benne létezik az időtlen időben! Ezért megfoghatatlan! Az a pillanat, mely helyet kér a létezésben – úgy, hogy a maga nagyságát, mondanivalójának lényegét, mint virágszirmot bontja ki – a létező legnagyobb áldást hordozza magában!

– Ez jó, Roth! Köszönöm, hogy felvilágosítottál (ha-haha), de nem értem!

– Akkor mókázzunk egy picit! Kinek is „kell" értenie?

– Igen, ezt már tudom! Majd aki megérti...

– Így van! A többi már a te pillanatodon kívül léte-zik, nincs vele dolgod!

– Rendben, Roth! (hahaha)

– Tehát! Ha a létezésben olyan szintre helyezed a fó-kuszod, ahol azok a tartományok vannak, amiben a gon-dolatok testet öltenek, ott vannak olyan energiatöbbletek is, amelyek a „hasonló a hasonlót vonzza" elven csatla-koznak az eredendő, tiszta gondolati forrásodhoz! Tehát a gondolat megteremtőjéhez, vagyis hozzád!

Megjegyzem, ha te önmagadban egy tiszta, foganatlan energia vagy – a Teremtő képére formálva –, miért van szükséged olyan gondolatokra, amelyek ebből a „paradi-csomi" létállapotból kizökkentenek? Egyszerűen nincs szükséged rá, de pont azért teremted meg, hogy ne le-gyen szükséged rá! Ez is a létezés kettős természete, er-ről is sokszor beszélgettünk már...

Ez azt jelenti, hogy nem lehet határt szabni neki, mert energia, és mivel minden energia, ezért – okánál fogva – minden benne van. Még olyan gondolat is, amely épp nem üdvös a számodra. Tehát gondolatokat kontroll alá fogni nem lehet, teljesen fölösleges és kimerítő tevé-kenység. Ezért mondom azt, hogy csak annyi figyelmet szentelj neki, amennyit megkíván. Természetesen ez is csak és kizárólag tőled függ, mert – azt mondanom sem kell, hogy – a rezgésrésen túl, a mindenségben csak a tisz-ta, magasztos energia létezik. A többi már rajtad múlik!

Azt viszont nem árt tudnotok, hogy a gondolatener-gia sokkal „töményebb", mint a pillanat, mert az energia anyagot formál, az időpillanatok pedig elillannak, vagy megállnak az örökkévalóságában!

Ezért érzed magad rosszul, ha gondolataidat nem a magasztosra, vagyis a létező legnagyobbra fókuszálod, hiszen ami ez alatt van, az a természete „ellen" áramlik, szétfeszíti a pillanatot és benneteket is. Egyszerűen nincs helye a létezésben! Kirekeszti önmagát, mert nem ismeri azon részét, amely nem illeszkedik bele az általa elképzelt valóságrendszerbe. A valóságrendszerek pedig egyetlenegy elv alapján működnek, ez pedig az összhang. Ezt tartsátok szem előtt!

Az összhangot pedig a létező legnagyobb elvű rend adja. Irányítani, befolyásolni egyszerűen lehetetlen! Nem csak nektek, hanem más csillagrendszerek lakóinak is. Mert ez van!

A rend és az elv, mely a szeretetből árad és tér vissza, nem ismeri a hiba fogalmát, csak árad és árad örömmel a megvalósulás felé... Nektek sincs más dolgotok, és neked sem, ki ezeket a sorokat olvasod!

Nézz rá, mi történik a bolygótokon mostanság! Az összhang hiánya az az állapot, amely megteremt térben és időben egy olyan valóságot, melynek képe annyira torzzá válik, hogy részeire bontja azt, ami csak az egységben tud létezni. Ezt nevezitek ti káosznak. Egyetlenegy út van, ami kivezet belőle, ez pedig az összhang.

A ti földi civilizációtok nem áll még készen arra, hogy meghallja mondanivalóm lényegét. Ez nem baj, ez így van jól! Minden a maga módján változik és fejlődik... Minden út jó út, de a megérkezés a létező legjobb variációja annak, hogy egyáltalán elindultál. Ezért ne feledd, hogy utadat csakis önmagaddal összhangban tedd meg, és akkor a megérkezésed is a mennyországban lesz!

Egy új „beszélgetőtárs" –
Rééé üzenetei

Az ez után következő beszélgetések mind forrásukat, mind témájukat nézve rendhagyónak tekinthetők, ugyanis ezek keretében – Roth segítségével, illetve közvetítésével – egy magasan fejlett civilizációhoz tartozó, az eddigi kapcsolódásokból nem ismert idegen lény kezdett kommunikálni velem, velünk.

Galaxisukról és civilizációjukról, a Föld, illetve az emberiség jelenét, jövőjét érintő „aktualitásokról" szólt, néhány esetben konkrétan érintve Magyarországot is.

A későbbiekben – ez irányú kérdésemre – elárulta, hogy ő igazából nem egyedüli beszélgetőm, hanem inkább egy tudatcsoport; nevét, megszólítását illetően pedig elmondta, hogy őt (őket) a Rééé szó mögöttes rezgése adja, fejezi ki. Fontosnak tartotta megjegyezni azt is, hogy ő (ők) nem azonos azzal a Ré elnevezésű közvetítő entitással, akinek üzenetei az interneten, illetve könyv formájában is fellelhetők. (Én magam ezt a The Law of One – Az Egység Törvénye c. könyvvel, könyvekkel azonosítottam.)

Könyvem a továbbiakban Rééé mondanivalóját, üzeneteit tartalmazza, melyeket – a jobb követhetőség érdekében – mindvégig vastagon szedett, normál betűkkel vetek papírra.

48. beszélgetés

Rééé a mondanivalóját így kezdte:

– A gazdaság egy olyan elven működő rendszer része, amely sosem sorolható be egy olyan egységen alapuló társadalomba, ahonnan hiányzik a hovatartozás elve. Ez az elv pedig nem más, mint az a részed, amely megmutatja számodra a létezésed alapjait.

Ezért soha nem lehet egy gazdaságot egy ügyű keretbe foglalni, mert pont elvész belőle az az elv, amiért megteremtődött egy olyan rendszer, amit ti társadalomnak neveztek.

Majd így folytatta:

– Mi egy magasan fejlett civilizációból vagyunk, az 5. galaxis 12. bolygójáról.

– Üdvözöllek a kapcsolatunkban!

– Köszönjük a beszélgetésbe való csatlakozás lehetőségét! Nem közvetlenül kommunikálunk veled, hanem barátodon, a Roth nevű tudaton keresztül. Nem tudunk válaszolni az általad megfogalmazott azon kérdésre, hogy hogyan is lehetséges közöttünk ez a párbeszéd, ugyanis olyan rendszereken keresztül kommunikálunk, amelyeket megmagyarázni nem lehet.

– Ugye arról volt szó, hogy más Naprendszerekről, galaxisokról stb. fogunk beszélgetni? – kérdezett közben Roth engem.

– Igen, tudom, már vártam is, csak nem gondoltam arra, hogy „vendégeink" is lesznek... – válaszoltam kicsit zavarodottan, majd közvetlenül ezután újra megszólalt Rééé.

– Látjuk, mi történik a Föld bolygótokon, figyelemmel kísérjük, de nincs szándékunkban bármilyen módon is beleavatkozni a történéseitekbe. Már csak azért sem, mert mindaz, amit most tapasztalatként megéltek, hozzátartozik a társadalmi és politikai evolúciós fejlődésetekhez, vagyis a Föld bolygótok globális szinten való tudati fejlődéséhez.

Ez így van jól! Nem könnyű időket éltek, de jön majd a virágzás kora is, viszont ahhoz, hogy ez érezhetővé is váljon, még sok inkarnációt kell végigjárnotok!

Az inkarnációs fejlődést nem úgy értelmezzük, mint ti. Mi egy olyan szintű tudatváltást értünk ez alatt, aminek következtében képesek lesztek a tér és idő nélküli valóságrendszerekből olyan információk felfogására, amelyek majd önmagatokon belül emelnek fel egy olyan szintre, ahol elérhetőek lesznek számotokra azok az információk, amelyekkel a magasan fejlett civilizációk is teremtik létezésüket.

Tehát az inkarnációt sosem lehet egy lineáris idősávban valósággá tenni, mert az ennél sokkal teljesebb tapasztalás. Ez csak tudati szinten lehetséges. A jobb érthetőség kedvéért: ti maradtok ebben a rendű, lineáris elvrendszerben...

Most a Föld bolygótokon – globális szinten – nem történik más, mint egy alacsony tudati szinten létező társadalmi összrendszer energiáinak széthullása!

Sosem lesz lehetséges olyan szabályrendszerrel kialakítani egy egységes társadalmi rendszert, mint amilyennel ti próbálkoztok, mert – ahogyan már említettem – a társadalmi rendszereitek a hovatartozásotok elvéről szólnak.

Itt most nem etnikai hovatartozásról, hanem tudati hovatartozásról beszélek! Egy társadalmi rendszert sosem lehet globális szinten egy olyan egységes álammá formálni, ahol a hovatartozás nem okoz olyan rezgésbeli szakadást, ami gyakorlatilag darabjaira szedi az egészet nemzetenként, illetve egyénenként is. Egy magasan fejlett, földönkívüli civilizációban mi is alkottunk egy egységet (itt lehet hasonlóságot felfedezni a ti Európai Uniótokkal), melyet csillagközi tanácsnak nevezünk.

Ez a tanács nagyon sok szerepet tölt be, de nem gazdasági vagy politikai szinten, mert nekünk azok – ebben a formában – nincsenek.

Esetünkben arról van szó, hogy hogyan tudunk együttműködni olyan civilizációkkal, amelyeknek szükségük van valamilyen formában a segítségünkre. Itt nem elvi segítségről, hanem konkrét tevékenység szintjén történő beavatkozásról van szó.

Ez végtelenül sok dolgot foglal magában! Elmondani sem tudom, hiszen megértése függ attól, hogy mennyire ismered azokat a civilizációkat, amelyekről beszélek. Ezek a tiétektől eltérő elv és rend szerint működnek. Úgy is lehet mondani, hogy az egyenlőség elvén tartják magukat, mint rendszert.

Ugyanakkor ez is – mint minden – változik és fejlődik, és így az egység is „kiesik" önmagából azért, hogy tapasztalatot és ösztönzést szerezzen ahhoz, hogy tovább vigye tudati fejlődését...

Tehát a szeretet és az egység elvén alapuló civilizációk is kiesnek a rendszerükből, mert mindennek van egy ellentétes pólusa is. Ahol a szeretet és az egység érzése, ott a széthúzás és a kétség is – mintegy láthatatlan romboló erőként – jelen van!

Ezért sosem lehet csak harmóniát tapasztalni egy olyan rendszerben, ahol a változás és a fejlődés válik alapelvvé. Márpedig a mindenségnek épp ez a célja, a tágulás, viszont ahhoz, hogy táguljon, erőre van szüksége. Az pedig nem mindig az egység érzésén alapszik!

– Szeretnék többet tudni a csillagközi tanácsról.

– Meglepődnél azon, ha azt mondanánk, hogy a tudatod már többször találkozott velük? Emlékezz csak az álmodra és a látomásodra!

Az 5. galaxist ne keresd és ne próbáld értelmezni, mert nem jut el az információ a ti csillagrendszeretekből a miénkbe. Azt nem mondom, hogy tudati kapcsolat nincs köztünk, mert akkor most nem tudnánk beszélgetni sem, de azért ne felejtsük el Rothot, akin keresztül mindez lehetségessé válik!

Egyébként teljesen valóságosak vagyunk, élünk és létezünk, de nem járkálunk ide-oda repülő csészealjakon. Más rezgéshullámon létezünk, ami csak tudati szinten fogható fel. A tudat számára akár még testet is ölthetünk, de ez nem a valós kép, mert mikor észleléseitek vannak – és azt, mondjuk, egy idegen repülő tárgynak azonosítjátok be –, azoknak már csak az emléke jelenik meg a tudatotokban, ami azt lefordítja anyaggá... Ezért sosem lesz lehetséges az ilyen típusú találkozás más csillagrendszerben élő létezőkkel!

A mi galaxisunkban 14 bolygó található, ez alkot egy egységet. Ezzel nekünk is megvan a magunk Uniója.

Az Uniós rendek alapján csak az az elv működhet szabadon és adhat lehetőséget a fejlődésre, amelyben az állam megalkotói olyan vezetők, akik tisztában vannak – úgymond – spirituális küldetésükkel!

A Föld bolygótokon – bármennyire is különösen hangzik – sosem attól függ egy állam sorsa, hogy ki, milyen vezető áll az élén, hanem annak a spirituális szándékától, aki az adott államot alapította! Tehát a ti államotok esetében annak vezetője István király spirituális szellemében él tovább. Ezért egy államot – bármilyen szinten is – csak az alapokat letevő őserővel kéz a kézben lehet előre vinni! Hiszen a politika sem más, mint spiritualitás...

Ebből következik, hogy mindig ütközni fognak az Unióban lévő államok érdekei, márpedig azért, mert teljesen más és más elven működnek, más a céljuk és rendeltetésük. Nem véletlenül van így!

Ezért nem lesz béke és harmónia addig, amíg a nemzetek nincsenek tisztában spirituális küldetésükkel. Egyszerűen lehetetlen!

Ezért lehet bárki a kormányotok feje, nem fog tudni olyan jól vezetni benneteket, hogy ne legyen érezhető az a hiányállapot, amelyet gazdasági és anyagi szinten megtapasztaltok. Egyszerűen lehetetlen!

Mert a spiritualitás maga az út és a megérkezés is az egységbe. Látszólag nincs köze a politikának a spiritualitáshoz, pedig nem létezhet nélküle. Pont ez adja meg azt az erőt, amely azt a látszatot kelti, hogy széthúzásnak kell lennie ott, ahol egy egységet egy adott rendszerhez tartozó szellemi erő vezet.

Ezért mondtam azt, hogy a társadalomban akkor lesz összhang, ha a benne élők megtalálják hovatartozásukat. Ezért nem lehet egy ügyű a változás és a gyarapodás sem, mert egy nemzet spirituális útja megosztja azt a vezetőt, aki az állam élén áll. Tehát az egy ügyű itt azt jelenti, hogy az állam vezetője sosem lehet egy spirituális út, egy ügy vezetője!

Ezért tapasztaljátok – mint állam – azt a fajta pénzügyi megrekedést is, amely a gazdaságotokban válik érzékelhetővé. Hiszen – mint ahogyan már mondtam – a gazdaság sem más, mint a spiritualitás hovatartozás egyik mérlege. Elég, ha csak azt veszed alapul, hogy minden energia!

Az államotok feje sosem lesz elég jó ahhoz, hogy ezt a hiányérzetet betöltse bennetek, vagyis a társadalmatokban. Ugyanis nem ezen az elven alapul – úgymond – a küldetése, nem ez a rendeltetése, de mondhatjuk úgy is, hogy célja...

Itt már beszélhetünk arról, hogy mikortól válik valóban egy ügyű történetté a nemzetetek gazdasági helyzete.

Minden nemzet, és azok minden egyes tagja egy olyan alapokon nyugvó rendszerben találhatja meg a helyét, ahol emlékszik azon szellemi törekvéseire, ami miatt abban az adott nemzetben inkarnálódott. (Ez a hovatartozás spirituális elmélete.) Itt az inkarnációt a tudatváltásra, nem pedig egy konkrét, „új életre" értem!

A mi magasan fejlett civilizációs társadalmunk – ahogyan mondtam – az egyenlőség elvén alapszik, de egy számotokra teljesen ismeretlen rend szerint működik.

A földi népek vezetői és gondolkodói jó elv alapján indultak el, megalkotva egy uniós szövetséget, de az mégsem fogja tudni megtartani jelenlegi formáját, és bomlásnak indul. Pont azért, mert azok a mély spirituális, szellemi értékek hiányoznak belőle, amelyek egyébként egyben tudnák tartani a különböző érdekeken alapuló nemzeteket. Lehet, hogy ti most ezt színtiszta politikának érzékelitek, mégsem az! A politikai tevékenység csak keretként foglalja ezeket magába.

Egy nemzet sorsa – bármilyen nemzet sorsa a Föld bolygótokon – attól függ, hogy az ősöktől hátrahagyott spirituális, szellemi küldetés milyen módon tud kibontakozni a nemzet egységét alkotó emberek tudatában!

Természetesen a cél az egység felé haladás, de ahhoz, hogy ez a nemzetek együttműködésében is vezethető legyen, meg kell tapasztalni azt, hogy a jelenlegi formájában nem működőképes. Ennek ellenére mégis ez a legjobb út a tapasztaláshoz!

Gondold csak el, hány nemzet hány különböző szellemi törekvésen alapuló gondolati és érzelmi létformáját kellene a káoszból kivezetni ahhoz, hogy megtalálja mindenki az egység hangját! Ez pedig semmi más nem lehet, csak spirituális küldetés, emberként és nemzetként is...

Csodálatos, új világ teremtésének a lehetőségét hordozza magában minden egyes pillanat, amit ti gazdasági és politikai harcoknak neveztek és éltek meg. Ha az ember ezekből ki tud emelkedni – szem előtt tartva létezése valódi értékét és útmutatásait –, akkor elindulhat egy olyan úton, amely elvezeti ahhoz az ősforráshoz, amely például a ti nemzetetek alapító királyától indult útjára.

49. beszélgetés

Az egységes gazdasági rendszer valódi küldetése a káosz megtapasztalása, ugyanis az az egységes gazdasági rendszer, amit ti elvártok a Föld bolygótokon, egyszerűen lehetetlen küldetés! Nem ez a rendeltetése – mint ahogyan azt már mondtam –, ezért törvényszerű az a változás is, amely egy új rendszer valóságképét fogja formába önteni. Korábban hangot adtam annak az elvnek is, amely azt foglalja magában, hogy egy egységen alapuló forma is megbonthatja az eredeti célkitűzéseit, mert azokat sem lehet a változatlan elvén tartani akármeddig!

Azt ugye tudjuk, hogy az anyag energia, így a pénz is az, amely a gazdasági rendszereiteket uralja. Nálunk ez nem így történik. A Föld bolygótok nagyon nagy tudatváltáson ment keresztül, ahogyan azt megfigyeljük, ugyanis ebben a formában vagyunk jelen a Föld bolygótokon. Pontosabban fogalmazva: megfigyeljük azon rendszereiteket, amelyek egy magasan fejlett elv szerint működnek.

Mit is jelent ez? Egyszerűen figyelemenergiával tartjuk fent a kívánt változás előmenetelét. Ez a legnagyobb „fegyverünk". Ez a mi rendszerünkben is így van, azaz nem hagyjuk veszni azokat a részeinket, amelyek a figyelmünk hiánya által kiesnek a tudatunk középpontjából. Hiszen egy magasan fejlett földönkívüli civilizáció is lehet még magasabban fejlett, mert mi is változunk és fejlődünk, mert még nálunk is vannak fejlettebb tudatszinten létező civilizációk...

Egyébként igen a válasz kérdésedre: ebben a dimenzióvalóságban, de más rezgésszinten létezünk. Sokszor nem értjük a Föld lakóit, hogy miért is tulajdonítanak nekünk nagyobb jelentőséget, mint amilyen megillet bennünket...

Visszatérve az előző gondolatmenethez: mi a figyelmünkön keresztül teremtjük meg a valóságunkat, amit beleillesztünk a gazdasági–társadalmi rendszerünkbe és nem fordítva! Ti viszont ezt csináljátok, ezen az elven gondolkoztok, ami hanyatláshoz és széteséshez is vezethet. Mit jelent ez? Ti a gazdasági és társadalmi rendszereiteket próbáljátok beleilleszteni figyelmetek középpontjába.

Gondolkozz el azon, hogy mi egy magasan fejlett tudati – érzelmi és gondolati – szinten figyeljük ezen rendszereinket, ezért „magasban" tartjuk azokat! Persze szétesések nálunk is vannak, de ezek a harmónia és az ellenpólusa elvén történnek, így ez mást foglal magában.

Ti a Föld bolygón egy rendszertelen gondolati és érzelmi mintával figyelitek meg ezeket a dolgaitokat. Ezért nem tudjátok egy egységben sem megtartani, és ezért vezetitek ki pont onnan, ahová szeretnétek, hogy tartozzon. Ez az a káosz, amiről már korábban beszéltem. Amennyiben egység elvén alapuló társadalmi rendszert szeretnétek megteremteni, annak az elsődleges és alapvető szükséglete az, hogy tisztában legyetek azzal, hová és milyen elv szerint haladtok, hová vezetnek benneteket azok az emberek, akik az államaitok élén állnak!

Persze ez nem egyszerű feladat, hiszen a politikai rendszereitek sosem voltak átláthatóak. Hogyan is lennének azok, amikor azok az emberek, akik a politikai élet vezetői, még a saját tudati energiájukkal és ennek figyelmével sincsenek tisztában?

Összetett elvek ezek, és pont ez a probléma. Ez vezet el oda, ahogyan most globális szinten éltek a bolygótokon. Egyébként nagyszerű lehetőségek rejlenek bennetek, és – természetesen – úton vagytok ennek felismeréséhez!

50. beszélgetés

Mi, a magasan fejlett civilizáció, már nagyon régen felismertük magunkban ezeket a tudati tartományainkat. Veletek kapcsolatban is ezen a felismerésen dolgozunk. A csillagközi tanácsunk bölcsei olyan szeretettel megáldott, befogadó lények, akik úgy hoznak döntéseket, hogy sosem kell lemondanunk arról, hogy a lehető legjobb végkimenetelt tapasztaljuk meg azokban a dolgainkban, amelyek egy közös megegyezésen alapszanak.

Nálunk a létező legjobb kimenetel az összhang elvén alapszik, ami azt jelenti, hogy amikor egy kérdés a bölcsek asztalára kerül, abban már a válasz is benne van. A teljes harmónia rezgésében élünk. Olyan, mintha nálunk minden rózsaszínű lenne... talán így tudom legjobban összehasonlítani a mi rezgésünket a ti világotokkal.

Nincs fizetőeszközünk; mindent, amire szükségünk van, tudati úton manifesztálunk, teremtünk meg, ezért nincs senkinek semmire szüksége, viszont ami van, abból egyenlően osztozunk. Mivel tudatunk teremtőereje végtelen, kontroll alatt kell tartanunk teremtésünk vágyát! Szükség van egy határra, amit nem léphetünk túl, mert az már befolyásolná a tőlünk külön létező, 15. bolygótól kezdődő rendszert.

A mi feladatunk abból áll, hogy megtanuljunk határt szabni a határtalan lehetőségeinknek. Nem azért, mert nem vagyunk képesek teremteni a végtelent, hanem azért, mert abban a galaxisban, ahol élünk, olyan fényalagutakkal vagyunk körbevéve, amiknek köszönhetően gyakorlatilag azonnali az információcsere a többi bolygó lakóival. Ezért is vagyunk egy olyan egyezségben a 14 bolygóval, ami alapján azonos tudati energiákkal dolgozunk. A mi rendszerünk is különböző elvekre épül, de szoros tudati együttműködésben a csillagközi tanáccsal, így nincs lehetőségünk a tévedésre.

Mi egyszerre több dimenzióban létezünk. Ezt úgy képzeld el, hogyha lehetősége lenne a Föld lakójának ellátogatni hozzánk, gyakorlatilag csak egy üres bolygót találna, melynek felszínét vörösesfehér kőzet borítja. Ti ezt látnátok azzal a tudattal, amellyel szemlélnétek bolygónk felszínét. Már csak azért sem érzékelnétek belőlünk semmit, mert – mint ahogyan már mondtam – más rezgéshullámon létezünk.

A teremtéseink időlegesek, mert csak addig van szükség a gondolataink által megteremtett dolgokra, amíg épp az adott gondolat manifesztált rezgésében tartózkodunk. Nagyon nehéz ezt elképzelni, de próbáljuk meg!

Gyakorlatilag nincs semmi állandó anyag körülöttünk, de maga az anyag sem olyan sűrűségű, vagyis halmazállapotú, mint nálatok a Föld bolygón.

Például, ha valahová el szeretnénk jutni, megteremtjük azt a fogalmat, amit ti utcának neveztek. Ez az utca bármilyen lehet bizonyos határokon belül, de hogy ez mit jelent, nem tudom pontosan átfordítani a ti nyelvetek rezgésére. Talán úgy képzeld el, hogy az adott utca annyiféle, ahányan és ahogyan teremtjük azt! Valójában az utca sem adott, hiszen nincs is semmi körülöttünk, csak pillanatnyi tudati teremtéseink, amelyek – ahogyan haladunk az utcának nevezett térben – abban a pillanatban szerte is foszlanak.

Gyakorlatilag csak a pillanatban élünk. Ahogyan ránézünk bármire, amit teremtünk – mondjuk, hogy eljussunk egy pontból a másikig –, az abban a pillanatban el is tűnik. Tehát benne vagyunk az ürességben, mégis a mindent teremtjük meg, de az csak az adott pillanatban érvényes! A tudatunkkal élünk, de nem kívülre, hanem belülre helyezzük teremtésünk illúzióját. Ez az abszolút jelenben való létezés.

Mi is tapasztaljuk a tér és az idő hatását, de egy teljesen más rendszeren keresztül, mint ahogyan ti érzékelitek. Nincs jelentősége annak, hogy mi volt és hogyan nézett ki az előző pillanati teremtésünk, mert gyakorlatilag törlődik a tudatunkból. Így egy kiteljesedett, csodálatos világban élünk. Úgy is mondhatjuk, hogy megyünk előre és nem nézünk vissza; ez viszi előre tudatunkat, s egyben galaxisunk is így tágul.

A galaxis tágulása ugyanakkor szabályokhoz, elvekhez kötött, mert – mint ahogyan a ti csillagrendszeretekben, úgy a miénkben is – minden mindennel összefügg és hatással van egymásra! Ezért is van az, hogy bár határtalan tudatunkkal bármit meg tudnánk teremteni, mégsem tesszük, mert nem teremthetünk túl a 14 bolygóból álló rendszerünkön.

Ennek ellenére tudatunk jelen van más csillagrendszerekben is, ott, ahol szükség van tudati energiánkra. Mi bárhol jelen lehetünk, de csak a tudatunkkal, tehát velünk találkozni – abban a formában, ahogyan azt ti elképzelitek – nem lehet.

Adott esetben persze egy magasan fejlett földi létező akár még képpé is formálhat bennünket... Ennyik vagyunk, és nem többek – szó szerint – a képzeleteteknél! Azt, hogy hol lehet jelen tudatunk – mint például a Föld bolygótokon –, a csillagközi tanács határozza meg, különböző elvek alapján.

A Föld bolygótok tudatában jelen lévő kristálytudatok vannak állandó kapcsolatban az ún. világmindenség tudatával, tehát a Teremtővel, aki bennünket is megálmodott. Ahhoz, hogy valósággá váljunk, kell, hogy érzékeljenek bennünket, mint információt a mindenben. Ezzel teremtődik meg a lehetősége annak, hogy felismerjük magunkat egy olyan világmindenségben, amely épp úton van afelé, hogy önmaga számára valósággá váljon. Nincs más oka a létezésnek, ezt ne felejtsétek.

Ennek tudatában ismerkedjetek a gondolattal, hogy pont annyira vagyunk valóságosak, mint ti a Föld bolygótokon. Ez több elvi kérdést is felvet, amelyeket már Roth-tal korábban megbeszéltetek. Léteztek-e, vagy csak egy álomkép vagytok a Teremtő végtelen tudatában? Nincs különbség köztünk, csak más elven létezünk és teremtjük önmagunkat...

51. beszélgetés

Tehát induljunk ki onnan, hogy mi létezünk, és ti is léteztek a Föld bolygótokon.

Az „idegenekkel" kapcsolatos kérdésedre a válasz az, hogy igen, előfordulnak alakváltók a ti dimenziótokban, viszont csak nagyon rövid ideig tudnak megmaradni emberi formában.

Ennek oka az, hogy – mivel a gondolati energia hamar szétfoszlik – nagyon erősen kell úgymond teremteniük önmagukat ahhoz, hogy akár csak rövid időt is el tudjanak tölteni a ti dimenziótokban.

Ők sem repülő csészealjakon érkeznek, mert olyan magas szintű tudati energiával megáldott, magasan fejlett létezők, akik civilizációjukból a tudati energiájukkal képesek arra, hogy önmagukat manifesztálják egy teljesen más létezésben. Ez viszont nagyon igénybe veszi tudatukat, ezért nem is képesek sokáig megmaradni testben, ami csak kívülről látszik annak. Ha közeli, testi kontaktusba kerülnétek velük, azt tapasztalnátok, hogy olyanok, mint a levegő: nem megfoghatóak anyagban testesült kéz számára, csak szemmel láthatóak.

Tehát csak nagyon rövid idejű a tudatosulásuk nálatok, mert – függetlenül attól, hogy minek látszanak – gyakorlatilag alakváltó tudatok. Aki közületek tudja érzékelni az aurát, ráérezhet különleges energiájukra. Ritkán tudatosulnak a bolygótokon, és csak azért látogatnak titeket, mert élvezik a Föld bolygó anyagba öntött szépségét. Nekik semmi dolguk veletek.

A másik dolog az, hogy nem akkor „jönnek", amikor kedvük támad, hanem tervezetten, egy előzetes egyeztetés alapján. Erre azért van szükség, mert tudati energiájuk magasan rezeg, így az a rezgéshullám, amit kibocsájtanak magukból – mintegy külső ráhatásként – formálhatja a ti rezgésmezőtöket. Tehát ahogyan ti is előre megterveztek egy külföldi utazást, úgy nincs ez másképpen a csillagközi utakon sem.

Most válaszolok arra a másik kérdésedre, hogy vannak-e a Föld bolygótokon „rosszakaró" földönkívüliek. Figyelj arra, amit mondok!

Csillagközi utazásra csak magasan fejlett földönkívüli civilizáció képes. Ugyanakkor ha magasan fejlett, akkor miért is akarna kárt okozni másoknak? Mi lenne a célja ezzel? Egyszerűen nincs szüksége rá! Ez távol áll a rendszerüktől és az elvüktől. Azok a civilizációk pedig, amelyek kevésbé fejlettek, mint ti, nem tudnak eljutni hozzátok, de máshová sem az Univerzumban, már csak azért sem, mert önmagukon kívül senki mást nem ismernek, még csak gondolati szinten sem.

Ti sem tudtok más csillagrendszereket elérni, pedig egészen kiváló technológiával rendelkeztek. De tegyük fel, ha mégis elérnétek, még mindig ott van a rezgéshullám különbözősége, illetve a tudat fejlettségi szintje...

– És azok az UFO-történetek, amikről hallani és olvasni lehet? Azokról mit tudsz mondani?

– Ez egy végtelenül bonyolult logikán alapszik. Majd közelebb kerülsz a megértéséhez, ha az ókori egyiptomi civilizációról fogunk beszélni.

Elöljáróban csak annyit, hogy azok az emberek, akik előre vittek benneteket, mind egy magasan fejlett civilizációból voltak, vannak közöttetek. Okkal és céllal! Mint például a te magasan rezgő gondolataid... Mind űrutazók vagytok!

De ez nem annyira különleges számotokra, mint az, amit maga a fogalom rejt magában. Nem is lehet az, hiszen emberként éltek, de a tudatotok jelen van egy többdimenziós valóságban. Teljesen természetes és logikus. Nem több ennél!

52. beszélgetés

Szavaitokkal kezdve a kommunikációt – kérésedre – egy számotokra is felfogható, elvi szintű magyarázatot foglalok össze.

Volt már róla szó, hogy a Föld bolygótok hogyan fordítja el a tudatát önmagáról. Arról is volt szó, hogy bolygótok abban a pillanatban, amikor nincs tudatában a létezésének, gyakorlatilag – egy másik szemszögből nézve – eltűnik a létezésből, de mégis jelen van a végtelen pillanatában, az örökkévalóban. Ekkor veszi át a helyét – ekkor válik érzékelhetővé – egy emelkedett szinten rezgő Föld bolygó. Ilyenkor a létezés ezen szintjén, minden – szó szerint MINDEN! – egy teljesen más elv és rend szerint működik. Tehát ez egy teljesen más rezgésfrekvencián létezik, mint a bolygótok, amelyen éltek!

Úgy képzeljétek el, hogy vannak olyan élőlények, növények és más létezők – ezt itt az emberekre értem –, akik a ti Föld bolygótokon nem léteznek! Pontosabban fogalmazva, ez is a ti Föld bolygótok, hiszen úgy tartozik hozzátok, mint az aurátok, így akár annak is nevezhetjük: a Föld aurájának.

A gondolkodóitok azért nem tudnak teljes magyarázattal szolgálni a Föld bolygó aurájáról, mert nincs benne az a tartalom, amibe bele szeretnétek illeszteni. Az aura gyakorlatilag az az elv, amiben léteztek. Mivel számotokra ismeretlen egy magasabb rendű elvben létezni, ezért nem is ismerhetitek fel ennek rendjét és működését. Már azért sem ismerhetitek fel, mert nem fogható fel a testben létező agy frekvenciájával, mert egyszerűen

MÁS! Szavaitokkal élve, nem tudtok olyan információt felfogni a Föld aurájáról, amely bármennyire is megállja a helyét, ugyanis minden mögött van valami, ami fejlődésre és változásra késztet.

Még a magas rendű elven létező Föld bolygónak is van egy még magasabb frekvencián rezgő úgymond „továbbgondolása". Sajnos nem tudom másképpen formálni a szavakat ahhoz, hogy megfelelően illeszkedjenek egy olyan képbe, melynek nem is vagytok a tudatában... Tehát minden változik, így az információ is!

Az emberi tudatotok nem képes az ilyen szintű tudatváltásra, ezért minden információ a pillanat és a fókusz műve. Tehát amit itt most leírtunk, már nem létezik, már nincs, mert csak az igazság van, de az is képlékeny, hiszen – mint minden – csak nézőpont kérdése!

Mi, ha a helyetekben lennénk, csak élnénk a csodálatos bolygótok és a létezése adta lehetőségekkel, s nem kutatnánk válaszok után. Az idő nem tudja megadni azt a választ nektek, melyet a figyelmetekkel elvesztek abból az egészből, mely részként van jelen egy olyan valóságban, mely arra rendeltetett, hogy egységet alkosson. Így részekre bontani nem lehet!

Nos, ez a megfogalmazás illeszkedik a társadalmi és politikai hovatartozásotokhoz is, hiszen a spiritualitás – az „elv az elvben" rendszer szerint szemlélve – magában foglalja a politikát.

Tehát a magasabb rendű elv szerint létező Föld bolygó, valamint az ő fejlődését segítő, még magasabb elven működő – szintén – Föld bolygó nagyon szoros kapcsolatban állnak egymással. Hogy ez hogyan történik, felfogni nem tudjátok!

Mondjuk úgy, hogy egy ellipszishez hasonlítható fény-pálya köti össze őket, amelyen keresztül kommunikál-nak egymással. Ez olyan természetes és jól összehangolt, mint például a ti szervezetetek működése. Egy közös, örömteli játék...

A magasabb elv szerint létező bolygón az anyag egy-re lágyabbá, finomabbá válik... A megnyilvánulásból lassan eltűnik az anyag, egyre inkább a tudat veszi át a teret, hasonlóképpen a mi létezésünkhöz. De csak HA-SONLÓKÉPPEN!

Elmondtam már azt, hogy vannak közülünk olyan tu-datok, amelyek kedvet éreznek egy kis kiránduláshoz... Nem sokan vagyunk ilyen elszántak, már csak azért sem, mert ahhoz, hogy eljussunk a bolygótokra pihenni és él-vezni az anyag szépségét, tudatunknak utat kell talál-nia – mondjuk úgy – az összes létező Föld bolygón ke-resztül. Tehát nem mehetünk csak úgy összevissza, mint ahogyan a repülőitek sem az égen! Kijelölt, meghatáro-zott pályákon mozgunk, szigorú rendben.

Mivel tudatok vagyunk egy másik galaxisból, tarta-nunk kell magunkat ahhoz az elvhez – egyezményhez, amit az Univerzum létezőivel kötöttünk –, hogy nem za-varunk meg senkit. Tehát minden tudati lépésünk elő-re megtervezett, és egy nyílt – minden magasan fejlett civilizáció által elfogadott – megállapodáson alapszik.

Ha ti is ilyen elv szerint működtetnétek a nemzetei-teket, világossá válna számotokra, hogy egy civilizáció békéje és jóléte az emberiség – mint faj – tudati evolú-ciós fejlődéséhez vezetne, mert a nyíltság az a tér, mely hagyja tágulni a tudatot.

Mindez olyan energiákon alapszik, hogy nem ismeri fel a tudatba zárt, azon teremtő erőt, amely mindig egy zárt rendszert teremt, s így nem lehet a természetes útja a változásnak, gyarapodásnak sem. Ezért is gondoljátok úgy, hogy csak háborúval tudjátok megszerezni magatoknak azt a teret, amelyet egyébként csak a tudat tud megteremteni saját maga számára.

Nézd, milyen eszközök bevetésére van szükségetek ahhoz, hogy azt higgyétek vagy abban az illúzióban éljetek, miszerint az egyiknek több van valamiből, mint a másiknak!

Ha a tudatotokkal meg tudnátok teremteni azt a létállapotot, mely a nyíltság elvén alapszik egy zárt rendszerben, akkor nem lenne szükségetek arra, hogy mesterséges eszközökkel pusztítsátok el egymást, így kapva teret a létezésben. Most itt a Föld bolygótok jelen krízisére gondolok!

53. beszélgetés

Az elvi gondolkodás nem áll közel a tudatotokhoz, mivel hiányzik maga az az elv is belőle, melyet egy rendszer alkot. Nálunk, magasan fejlett földönkívüli civilizációkban, ez azért működik jól, mert ugyan egy szabályrendszer alkotja, de ennek ellenére teljes nyitottsággal létezünk benne. Ez olyan elvekhez kötött, amelyek nélkül, mint faj, nem jutottunk volna ide, ahol épp most tartunk.

Természetesen ahhoz, hogy eljussatok a nyíltság elvéhez, először a káoszt kell megtapasztalni, amely olyan állapotokat teremt meg, amelyben jelenleg a Föld bolygón éltek. Jól van ez így, így kell lennie, mert nem lehet másként!

Minden civilizációs faj a maga teljességében létezik, függetlenül attól, hogy éppen hol áll a tudati evolúciós fejlődésben. A tudati evolúciós fejlődés minden egyes létező szükségszerű hozzájárulása az Univerzum teljességéhez. Mit értek ez alatt? Miközben megfigyelünk benneteket, azt látjuk, úgy gondoljátok, hogy a Föld bolygótok globális felemelkedése történik, pedig ez ebben az elgondolásban nem állja meg a helyét!

A bolygótok nem változik úgy, ahogyan azt gondoljátok. A Föld bolygótok a maga egységében és teljességében ragyog! Nektek nem kell – úgymond – meditálnotok a bolygóért, bár ez egy hálás kezdeményezés, de nem tud akkora pozitív hatást gyakorolni, mint gondoljátok! Ugyanis nincs hová „betenni" azt a hatást, amit el szeretnétek érni, mert a bolygótok teljes. Azt pedig ne felejtsétek el, amit mondtam, hogy a BOLYGÓTOK!

Ez nem csak EGY Föld bolygó, hanem inkább nevezhető „kollektív Föld bolygó tudatnak", amelyet nem ti, mint „faji tudat", hanem saját maga többdimenziós tudata alkot.

Tehát a jóléte nem tőletek függ. Ha bolygótok egész népessége egyszerre meditálna, akkor sem érné el rezgésben a Föld tudati rezgését. Hatalmas erő van benne, az egyik legerősebb az Univerzumban. Gyakorlatilag helyet ad a fejlődéseteknek, amely – mint azt már mondtam – egy ügyű. Egyénenként rajtatok áll, mivé és merre változtok, ezért csak magatokkal foglalkozzatok, többre egyébként sincs lehetőségetek.

Minden olyan figyelem, amely a hiányállapotra fókuszál – azaz, ha a hiányállapot rezgéséből indultok megmenti a bolygótokat vagy egy másik embert, vagy saját magatokat – nemhogy hozzátesz, hanem inkább elvesz az egészből, abból, akik ti vagytok. Tehát a fejlődésetek egy ügyű, a létezésetek alapkövei ti magatok vagytok.

Ezt helyezzétek el olyan jól, hogy alapul szolgálhasson egy új világ eljöveteléhez, amely kizárólag bennetek tud kibontakozni!

Akkor majd olyan tiszta és nyílt elvekre tudtok alapokat rakni, amiből fakadóan már nem csak beszéltek róla, de meg is élitek – és ezáltal ki is nyilvánítjátok – azt az érzést, melyet szeretetnek neveztek. Addig ez lehetetlen, mert a szeretet nem egy érzés, hanem a Teremtő esszenciája az önmagáról alkotott elképzelésében!

Ti a bolygótokon különféle elképzelésben léteztek, pedig csak egy elképzelés van: a TEREMTÉS!

54. beszélgetés

Az Univerzum minden tudatos létező számára biztosít egy nyílt teret ahhoz, hogy teljes mértékben hozzájárulhasson a Teremtő tapasztalásához.

Ebben a rendszerben van egy olyan tér, amelyet ti fekete lyuknak neveztetek el. Ez nem egy – a ti felfogásotok szerinti – légüres tér, amely nem tart sehová, és sem kezdete, sem vége nincs, bár elgondolásotok – a ti szemszögetekből nézve, részben – megállja a helyét.

Ennek a térnek nincs olyan viszonyítási pontja, amely egyenlő mértékű lenne azzal az idővel, amely két pont közötti távolság megtételéhez szükséges lenne. Ez azt jelenti, hogy ebben a térben teljesen elveszik a tudat, mint öntudatra ébredt Teremtő, mert – szó szerint – elveszik a térben, mivel nincs mihez kötnie önmagát. Bármerre is tekint, nincs egy fix pontja, ahová a fókuszát tudná helyezni oly módon, hogy az alapul szolgáljon bármilyen forma megteremtéséhez. Ez alatt tényleg BÁRMILYEN formát értek!

A Teremtő tudata ebben a térben olyan erősen fókuszál – mivel keresi önmagát –, hogy a jelen lévő hatalmas energiák képesek elpusztítani önmagukat, azaz pont azt az energiát, amelyet a Teremtő arra használ fel, hogy megtalálja viszonyítási pontját és szerves életet teremtsen.

Mindez túl van az általatok ismert tér-idő valóságán, ami azt jelenti, hogy felfogni sem tudjátok, s így sosem lesznek teljes ismereteitek róla. Nem is kell, hogy legyenek, ugyanis semmilyen módon nem tartozik rátok vagy hozzátok az az információs halmaz, amelyet fekete lyuknak neveztek! Nincs köze a Föld bolygótok létezéséhez, még ha most úgy is gondoljátok.

Mi, magasan fejlett földönkívüli civilizációs fajok is csak megfigyelőként vagyunk jelen ezen energiahalmaz körül, de megfigyeléseinken teljesen más történések alapszanak, mint a tiéteken. Ez azért van így, mert más tudattal fogjuk fel a létezést.

Márpedig az Univerzumban és a létezésben csak az van, amit és ahogyan felfogtok vagy érzékeltek. Sosem kerülhettek a megoldás közelébe, mert amiről ti azt képzelitek, hogy AZ, AMI, az valójában egy másik rendszerben működő elveken alapul, melyet már nem tudtok a ti felfogásotok szerint beleépíteni számításaitokba! Ezért nem kaphattok soha teljes képet arról, amiről azt hiszitek, hogy már ismeritek!

A mi szemszögünkből nézve az általatok fekete lyuknak nevezett térben történő információfeldolgozás során egy olyan létezés teremtődik, amiben a magas szintű tudati kapcsolódás energiája megteremti azt a közeget, melyben az információ érzékelhetővé válik azon a szinten, ahonnan útjára indult.

Tehát ennek tudatában mondhatjuk, hogy a fekete lyuk nem egy légüres tér, hanem a létezés – úgymond – Akasha-krónikája. Ez azt jelenti, hogy az Univerzumban itt születik minden egy magasabb elvű teremtéssé – a mi felfogásunk szerint, a mi szemszögünkből tekintve. Mint ahogyan azt Roth is elmondta már, ne a szavakra figyelj, ugyanis azok adják vissza legkevésbé a mondanivalónk lényegét! Most képzelj magad elé engem, ahogyan a teremtés energiáit kénytelen vagyok belesűríteni az általatok használt közlési módba...

A következőkben ismét rá fogunk térni azokra a dolgokra, amelyeket ti a Földön „rejtélyeknek" neveztek és misztikus ruhába öltöztettek, holott csak egyszerű elvekről van szó...

***

Zárógondolat

Mikor a kapcsolódásom Rééé-vel véget ért, még ültem egy kicsit a jegyzetfüzetem felett fáradtan és elmélázva... Egy régi, gyönyörű őszi délután jutott eszembe, mikor a fák megfáradt sóhaja hallatszott téli álmaik előtt. Mintha megszólítottak volna segítségemre sietve, mert hallani vélték lelkem hívó szavát:

„Nézd azokat a sötét felhőket, hogyan tornyosulnak felettünk! Mégsem félünk tőlük, pedig ágaink is csupaszak már! Mert a fényt magunkban hordozzuk, megteremtve ezzel a megújulás lehetőségét!"

Ez csak egy emlék, de az érzés olyan furcsa. És akkor... akkor megtörtént! Mint valami csoda, amely a mai napig bevilágítja és kitölti létemet, egy igazság felismerése:

Minden csak nézőpont kérdése!

A szerző

Klézli Andrea 1972.09.23-án született.
Pszichológiát tanult, jelenleg is a segítő szakmában dolgozik.tanácsadásaiban a hagyományos pszichológiai megközelítéseken túl, alkalmazza a spirituális „channeling" technikákat is, amikben vele született mediális képességeit is kamatoztatja.
Ez mellett spanyol, angol és svéd nyelveket tanít.

www.mennyeierintes.hu

A kiadó

Aki feladja,
hogy jobbá váljon,
feladta,
hogy jobb legyen!

E mottó alapján a novum publishing kiadó célja az új kéziratok felkutatása, megjelentetése, és szerzőik hosszútávú segítése. Az 1997-ben alapított, többszörösen kitüntetett kiadó az egyik legjelentősebb, újdonsült szerzőkre specializálódott kiadónak számít többek között Ausztriában, Németországban és Svájcban.

Valamennyi új kézirat rövid időn belül egy ingyenes, kötelezettségek nélküli kiadói véleményezésen esik át.

További információkat a kiadóról és a könyvekről az alábbi oldalon talál:

www.novumpublishing.hu